スーパー
パワーアップ
版

稼ぐ言葉の法則

貧す人が
稼ぐ人に変わる
「売れる法則85」

この道25年日本の
トップマーケッター
神田昌典
衣田順一

ダイヤモンド社

はじめに

ぶっとばす！

神田昌典

立ち上がれないほどに、ぶっとばすから、
覚悟してほしい。

いったい、何をぶっとばそうというのか？

それは……、

「売れない」だの、「稼げない」だの、
「AIに仕事を奪われる」だのと思っている、
弱気なあなただ。

あなたの中に、モノを売ることに、苦手意識があったり、
ちょっとでも抵抗があったりするなら、それを**完全払拭**するのが、本書の目的だ。

売るスキルを持ち、稼げる自分になる。
AIを使いこなし、人間にしかできないことをやれる自分になる。
そのための「入門書」であり、「バイブル」になるのが、このハンドブックだ。

今こそ稼ぐ力が必要な理由

これからの時代──あなたは、「売る」ことを避けては通れない。

理由はシンプル。

もはや売ることは、生活のためだけに、仕方なく行うものではない。
売ることは、自分の才能を見出し、表現するための、最高のプロセスであり、
その結果、収入に直結するようになってきたからだ。

かつて収入は、勤める会社、役職、年齢、そして学歴でほぼ決まっていた。
決められた通り、真面目に仕事をしていれば、誰もが生涯にわたって、安心・安定的に
収入は上がっていった。

しかし、コロナ禍を経て状況は完全に変わってしまった。
今では、驚くほどの収入を稼ぐ〝普通の人たち〟が急速に増えている。

しかも、その人たちは、無理やり嫌な労働をしているのではなく、好きな仕事に楽しく
取り組んでいる。

おそらく、あなたも、こんな人たちのことを頻繁に耳にするようになっているのではな
いか。

——ボーナスだけで数千万円を稼ぐスタートアップ企業の40代執行役員
——副業の不動産業で、億を超える年収を稼ぐ30代の大企業サラリーマン
——夫の年収を軽く超える収入を稼ぎ始めたTikTokerたち
——YouTubeで年に数千万円を稼ぐ20代の起業家
——定年間近にライバー（ライブ配信する人）デビューした50代後半のサラリーマン

驚くほどの収入を稼ぐ人たちは例外だと、もはや無視することはできない。

なぜなら、そういう存在は、まわりを見渡せば一人はいるほど一般化し始めているからだ。今まで階層（ヒエラルキー）によって守られていた「収入の壁」は完全に崩れ去った。

どれだけの収入を得るかは、あなたが属する会社ではなく、**あなたという個人がどれだけ自分の才能を見出し、それを属する会社に、そして顧客に「売る力」を持っているかで決まる。**

いつまでも売ることを避けていると、本来持っているあなたの才能が磨かれず、世の中

にも活かせない。あなたが「売る力」を活用しないのは、世の中にとって大きな損失なのだ。

私は、今まで2万人を超える経営者、起業家を育ててきた経験から断言するが、「売る力」は人間誰しもが持っている、自然な力なのだ。

その本質は、出会った相手の中に才能を見出し、自分が提供できる価値とつないでいくコミュニケーション能力にあり、それは「言葉の使い方」で決まる。

この能力は、ＡＩにはできない領域なのだ。

そこで今回、本書を通じて提供したいのは、あなたに既に備わっている「売る力」を体験するための〝言葉の使い方マニュアル〟だ。

表面的には、85の売れる法則だけを集めたように思われるかもしれないが、背景には、私の25年以上のコンサルティング経験を凝縮した理論体系があり、稼ぐビジネスをつくりあげる上で、本当に必要な原則を漏れなく抜き出した。

ピンとくるところから読んでみて、1つでも使ってみると、顧客の反応が違ってくるはずだ。

これから求められる人材とは？

今までは、個人が生きていく上では、会社が必要だった。
しかし、これから会社が成長し続けるためには、
会社にしがみつく個人ではなく、
稼ぐ力を持った、自立した個人が必要になった。

だから、売る自信がないというあなたの弱気は、
これから本書を通して、私が、ぶっとばす。

その代わりに提供するのは、新しい時代に向けて、
自分を輝かせ、会社を甦《よみがえ》らせ、世界をぶっとばす力だ。

売ることにしっかりと向かい始めることで、
あなたの真の才能が浮かび始める。

それは、言葉の使い方を、ほんの少しだけ、変えることから始まる。

そうすることで、この先ＡＩがどれだけ進化しようとも、
あなたはあなたらしく自信を持って生きていける。

【スーパーパワーアップ版】で重視したこと

本書は、前著『稼ぐ言葉の法則』の【スーパーパワーアップ版】だ。大幅改訂に当たり、難しい理論を意識することなく、唱えるだけで、トップマーケッターのノウハウが実践できる点を重視した。

だから、前著にあった「稼ぐ言葉を掘り当てる５つの質問」と「ＰＥＳＯＮＡの法則」

（前著では「新・ＰＡＳＯＮＡの法則」）についてでは、エッセンスを解説するにとどめた。

これに興味を持ち、さらに深く知りたい人は、拙著『コピーライティング技術大全』をご覧いただきたい。コピーライティングのすべてを凝縮した大著である。

今回の大幅改訂では、理論を最小限にした上で、**法則を41から85へと倍増**させた。これが【スーパーパワーアップ版】たる所以《ゆえん》だ。

しかし、**理論や体系を「省略」したわけではない**。詳しくはプロローグで触れるが、**各法則は体系立った理論に基づき、緻密に設計**されている。

だからこそ、稼ぐ人の言葉を唱えるだけで、トップマーケッターのノウハウが実践できるのだ。

では早速、あなたの内にある、「売る力」を体験し始めていただきたい。

【スーパーパワーアップ版】稼ぐ言葉の法則 ―― 貧す人が稼ぐ人に変わる「売れる法則85」 もくじ

ステージ 1

核となるビジネスモデルをつくる

ステージ 2 応援者を集めるメッセージをつくる

ステージ3

強力なリーダーシップを現す

プロローグ

【貧す人】vs【稼ぐ人】の「一語」の違いで、なぜ結果がこうも変わるのか!?

ビジネスの加速的成功を体系化した「マーケティング・ピラミッド」とは？

「神田さん、いいものさえつくっていれば、いつか必ず結果が出ますよね？」

このような質問を、受けることがある。

私の答えは、イェース！　その通り。

本当にいいものは、時間がかかるかもしれないが、確かに広がっていく。

しかし、現実には――、売れない商品が多いのは、なぜか？

その理由は、「いいものを見せてください」と頼んでみると、一目瞭然。

出てきた商品に、呆《あき》れはてることが多い。**「いいもの」とは売り手にとっていいものであって、買い手にとっては「残念な商品」以外のなにものでもない。**

自分だけが「いいもの」と思い込んで、売る努力をしていない人があまりにも多い。

自分を高めようとしていなければ、ライバル商品も見えてこないし、顧客ニーズも聞こえてこない。鏡を見て、身だしなみを整える努力をせずに、自分は「いい男」「いい女」

と思い込んでいるうぬぼれと変わらない。

私の観察によれば、**いい商品に出合える会社は、売ることに熱心**だ。自分の**商品の魅力を、どう顧客に伝え、どう届けるかを、いつも真摯に考えている。**しかも、いい商品に出合う前には、真剣に顧客の声に耳を傾け、自らの価値を探し求める経験を必ず積んでいる。

つまり、いい商品に出合える会社は、「日々の、顧客への奉仕」を大切にしているからこそ、顧客ニーズを満たす商品を見分けることができ、「日々の、同僚とのチームワーク」を大切にしているからこそ、その商品をいい顧客に届けられるのだ。

このように、**社内外を大切にする思考と行動の循環の中で、価値あるビジネスはつくられており**、その流れは、普遍的な原理原則によって加速されている。この原理原則から導かれるのが、【貧す人】vs【稼ぐ人】で見る「売れる法則85」だ。

タイトルの「稼ぐ言葉の法則」と聞くと、手っ取り早く稼げるようなキャッチコピーが並んでいるんだろうなぁと思うかもしれない。

だが、そうじゃない。

実は、この本で選ばれた言葉を使っていくと、**売上を上げるだけでなく――、完全なビジネス、完全なリーダーがつくられるように設計されている。**

「ええっ？　完全なビジネス？　完全なリーダー？　またまた神田さん、そんな大袈裟なこと言っちゃって……」と呆れられるだろうが、ウソじゃない。

一目だけでも、次の図をご覧いただきたい。この図は、マーケッターとして、私が25年以上にわたり、数万人の顧客や経営者との関わりから見出した理論を体系化したもので、**「マーケティング・ピラミッド」**と呼んでいる。

マーケティング・ピラミッドは3階層から成っている。

◎核となるビジネスモデルをつくるステージ（法則01〜29）
◎応援者を集めるメッセージをつくるステージ（法則30〜58）
◎強力なリーダーシップを現すステージ（法則59〜85）

■ビジネスの加速的成功を実現する
「マーケティング・ピラミッド」

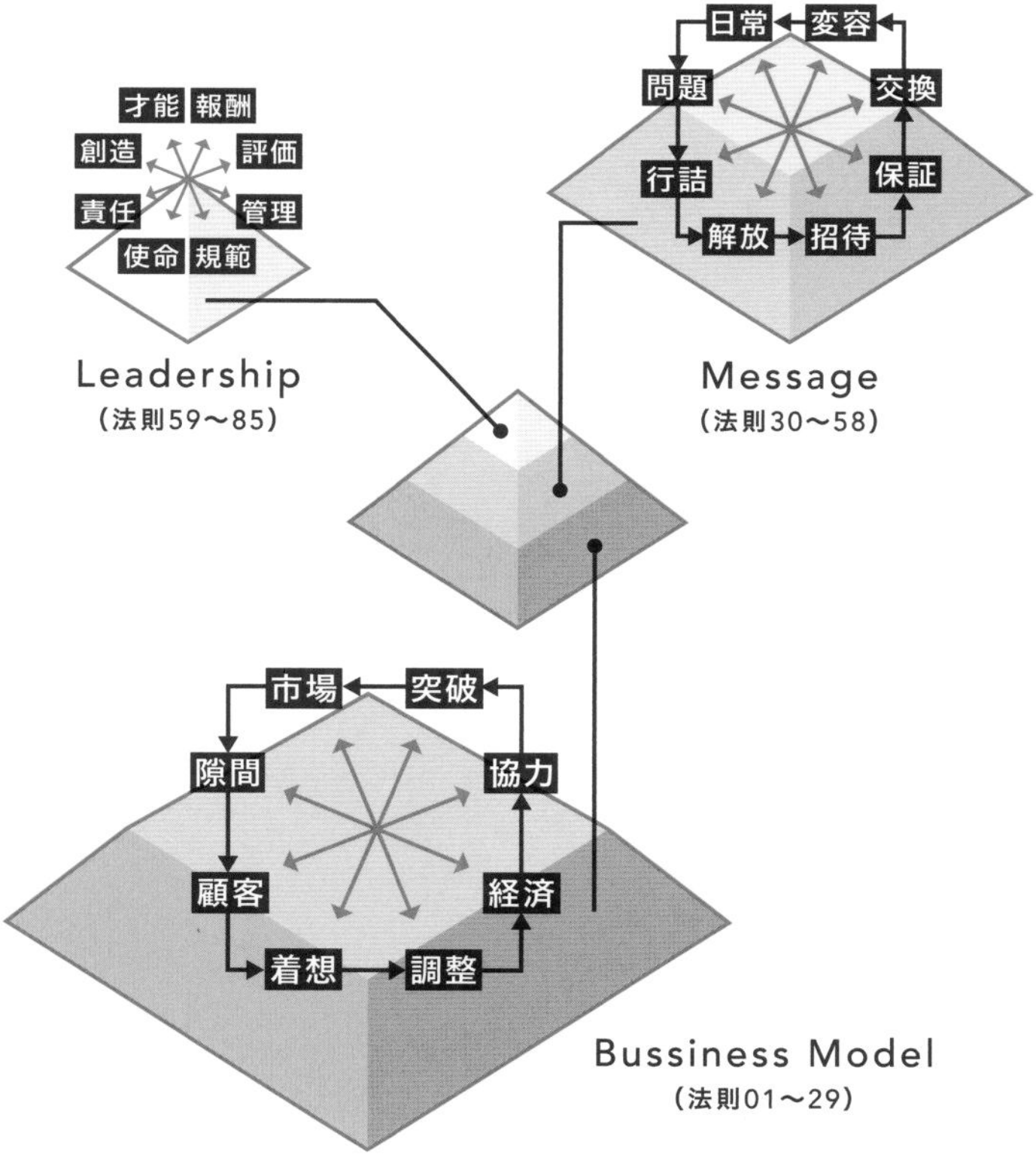

各ステージの情報の流れを加速化するために
選ばれた原理原則が「売れる法則85」

そして各ステージには、８つのテーマがあるので、３ステージ×８テーマ、合計24テーマの体験を積んでいくことで、あなたのマーケティング力が自然に鍛えられていく（マーケティング・ピラミッドについての詳細は、拙著『マーケティング・ジャーニー』〈日本経済新聞出版〉で解説）。

手っ取り早く稼げる言葉だけ学ぶのが危険な理由

このように85の法則は、テキトーに並んでいるわけではなく、３ステージ、24テーマをベースに選び抜かれ、配置されているのだ。

「神田さん、マーケティングの体系化は必要ないので、手っ取り早く稼げる言葉だけ教えてください」と言う方――あなたの気持ちはよくわかる。ただ、それでも、私は口を酸っぱくして、伝えざるをえない。

なぜなら、**手っ取り早く売上を上げる言葉をテクニックとして使うだけだと、事業（さ**

らにいえば、人生）は、確実にバランスを崩すからだ。

顧客を集める言葉だけにフォーカスすることは、マーケティング・ピラミッドの2階部分である「ステージ2（＝メッセージ）のみを築く」ことを意味する。すると土台（＝ステージ1のビジネスモデル）がないので、顧客が集まれば集まるほど、資金繰りに苦労する。さらに最上階の冠（＝ステージ3のリーダーシップ）がないので、社会から応援される事業にならない。

このように、手っ取り早い言葉を用いた集客テクニックは、短期的に事業を急成長させる上で非常に効果的だが、それだけで走り続けてしまうと、間違いなくあなたは様々な困難に直面し、もう一度、土台から築き直さなければならなくなる。

少し理屈っぽかったので、誰にでもわかるように説明し直すと――要は、「**これが、売れる言葉だ！」という表現をそのまま借りてきても、残念ながらうまくいくのは、一瞬。長い目で見ると、あなたの事業モデルに合わない顧客が集まってくるから、顧客の期待を裏切り、悪評を広げかねない**のだ。

そこで、これから紹介する「売れる法則85」は、顧客を集める観点だけでなく、稼ぐ事業をつくりあげていく上で必要となるすべての観点から、ソッコーで役立つ法則を選び抜いた。

そして、難しい理論を覚えなくても、【稼ぐ人】の言葉を唱えるだけで、誰でも実践できるようにした。

これからあなた自身のマーケティング・ピラミッドをスムーズに建設できるよう、土台から最上階の冠に向かって順に紹介していくが、最初から順番に読み進める必要はない。仕事で戸惑ったとき、パラパラとめくりながら気になった法則を使ってほしい。するど、言葉の力により、事業成長に必要なすべての面に意識を注げるようになる。

結果、**あなたが得られるのは、一時的にお金を儲けて、有頂天になる事業ではなく、自分の生きがいを表現し、顧客に愛され、**

社会から応援される永続的な事業だ。

一語がもたらす意識の微妙な違いは、仕事の質に大きな影響を与える。意識の違いは、行動の違いを生み、行動の違いは、仕事の質の違いを生む。

だから、使う言葉を変えるだけで、【貧す人】はスムーズに【稼ぐ人】へと変わり始めるのだ。

あなたが仕事上で困った問題に出くわしたときに、本書をパッと開いてみてほしい。つい【貧す人】の言葉を使っていないだろうか？

もしそうだと気づいたら、ほんのちょっと【稼ぐ人】の言葉に変えてみよう。これまでとはまったく違う、同僚や顧客の反応に出くわし、驚くことだろう。

これらの法則を実践することで、あなたが発する言葉の力を、ぜひ実感していただきたい。

ステージ

1

核となる
ビジネスモデルをつくる

稼ぐ言葉を掘り当てる5つの質問

売れる文章（コピー）を考える際、多くの人がムダな努力をしている。

顧客の印象に残そうとして〝気の利いた表現〟を考えたり、〝美しい文章〟をつむいだりすることに苦心しているのだ。

しかし、私が発見した事実は、こういうこととは**一切無縁**。

「売上を増やすために必要な工夫は、どう言うか（HOW）より、**誰**（WHO）に、**何**（WHAT）を、どの**順番**（WHEN）で言うか？」

ということだった。

そこで、まず、「誰に」「何を」言うかのために、次の「**稼ぐ言葉を掘り当てる5つの質問**」（以下「5つの質問」）を考えていこう。

まず、**質問1**で、「商品」の特徴をわかりやすくする。

質問1 あなたの商品は、ズバリどんな商品か？ 商品の2つの特徴を、20秒以内で、直感的にわかるように説明すると？

20秒以内で説明しなければならない理由は、**1つのことに耳を貸せる時間は、テレビCMやYouTube広告と同じくらいの15秒から長くても20秒**だからだ。

しかし、あなたが自分の商品についてこの質問に答えると、はじめは20秒ではとても説明できないだろう。

では、どうすれば、わかりやすく説明できる言葉を見つけ出すことができるのか？　そのコツを、お教えしよう。

◎3分かかってもいいので、とにかく自分の商品を、誰かに説明してみる
◎説明の最後のほうで、口から自然に出てきた言葉に注目する

これは、「**ブレーンストーミングでは、最後に重要なメッセージが現れる**」という経験則を活用したものだ。

例えば、リンゴを売る前提で 質問1 を考えると次のように表現できる。

「長野県・佐久高原のメダカが泳ぐ川近くの農園で、土と水にこだわる山田さんに育てられたリンゴ」

このように表現することで、より明確にイメージが浮かんでくるだろう。

じゃあ、これでリンゴは買ってもらえるだろうか？　残念ながら、商品をわかりやすく表現しただけでは、興味を持ってもらえるかもしれないが、お金を出すほどのことはない。

興味を持つことと、お金を出すことの間には、〝越えがたい大きな溝〟があるのだ。

そこで、質問2で、商品をほしがっている「顧客」を見つけるのだ。

質問2

この商品を20秒以内で説明しただけで、「なんとか売ってくれ」と頭を下げて、嘆願してくる顧客は、どのような顧客か？

「頭を下げてまでお金を払うケースなんて、ほとんどないよ」と思われるかもしれない。

そう、これはあくまでもあなたのイメージを刺激するための比喩。

本当に頭を下げる買い手が実在する必要はない。

では、どういう場合に、買い手は、「お願いですから、売ってください」と嘆願するのか？

人が行動を起こす要因は、次の2つだけだ。

「**苦痛を避ける**ため（に売ってください）」
「**快楽を得る**ため（に売ってください）」

そして**売上を上げるためには、「苦痛を避けるため」の切り口を打ち出すほうが、圧倒的に結果を出しやすい**。

「……でも、神田さん、苦痛を避けるために商品を売るなんて、お客様を脅かして販売するようで、私は気が進みません」

このような感想を持つあなたは……実に正しい！　真っ当だ！　誤解のないように言っておくが、苦痛を避ける提案をすることは、苦痛をあぶりたてることとはまったく違う。

顧客の痛みを、自分のために利用してはならない。

そんな利己的な動機でビジネスを行えば、今の時代、ＳＮＳであっというまに悪評が広がり、カンタンに市場から駆逐される。そうではなく、「**顧客の痛みを、自分の痛みとして感じられる感性**」が必要なのだ。

大切なことなので、繰り返す。

顧客の痛みを、自分の痛みとして感じられる感性を、あなた自身が持てるかどうか？

それが、売るためのコミュニケーションを取る上で、最も重要な資質なのだ。

リンゴの例では、**質問2**は、次のように表現できる。

「お子さんがぜんそくやアトピーで悩んでいて、お医者さんからリンゴがいいと聞いたお母さん。ワックス、農薬などをできるだけ使わず、生産者がはっきりしているリンゴを食べさせたい人。子どもの健康を深く考え、家族の食習慣を整えたい人」

質問1と**質問2**により、誰でも短時間で、「商品」と「顧客」に関する情報を集めることができるようになる。そして……、

◎**商品**についての知識は、「**提供する**」**価値**を引き上げる

◎**顧客**についての知識は、「**受け取る**」**価値**を引き上げる

こうして、あなたが与えるものと、顧客が求めるものがマッチしたとき、ビジネスを通

して、最高のコミュニケーションが成立し、**双方が交換する価値、すなわち、価格が最大化する**。言い換えれば、**価格とは「相手を思いやる気持ちの深さ」によって決まる**のだ。

次に必要なのが、あなたの会社の「**信頼性**」だ。

その信頼性を表現する言葉を見出すのが、質問3だ。

質問3

いろいろ似たような会社がある中で、既存客は、なぜ自分の会社を選んだのか？同じような商品を買えるような会社がいろいろある中で、なぜ既存客は、自分の会社から、この商品を買うことにしたのか？

この質問のポイントは、**既存客がなぜ自社を選んでくれたのか**、というところだ。

これから買う新規客が自社を選ぶ理由ではなく、既存客が自社を選んだ理由を知りたいのだ。なぜなら、何が自分の強みなのか、見えなくなっている会社が実に多いからだ。

社員は、「商品の機能や、価格の安さで（自社商品が）選ばれている」と思っていたが、実際に既存客に聞いてみると、まったく異なる答えに驚くことが多い。

例えば、「取引先に優良会社が多いので……」という理由だったり、「親の代からお世話になっているから……」という具合だ。このように、機能や価格よりも、顧客は最も信頼できる会社から買うことが多い。

そこで重要になるのが、あなたの会社の、**何が評価されているのか、既存客の視点から考え、その答えを、新規客にしっかりと伝えられるように言葉にしていく**ことだ。

信頼される関係づくりのためには、次のような事実が役立つ。

レビュー（お客様の声）、社長・社員の顔写真、社歴、取引先リスト、著名人との写真、マスコミ掲載記事、テレビ広告、新聞広告、研究論文、表彰歴、権威づけ、肩書き、学歴、社会貢献への取り組みなど。

リンゴの例であれば……、

「あの5つ星ホテルご指定のリンゴジュース、また国際パティシエ大会金賞受賞のアップルパイに使用されているリンゴは、私どもの農園のものです」

といった事実があれば、それを打ち出すことにより、安心して取引する環境が整うのだ。

ここまで考えれば、もう買ってくれるのかと思うだろうが、さらに深く掘り下げて考え、今まで気づかなかった発見をしていくことで、販売に必要なさらなる情報が引き出せる。

そこで必要なのが、次の 質問4 だ。

質問4

いったい、顧客は、どんな場面で怒鳴りたくなるほどの怒りを感じているか？どんなことに、夜も眠れないほどの悩み・不安を感じているか？どんなことに、自分を抑えきれないほどの欲求を持つか？その「怒り・悩み・不安・欲求」を顧客が感じる場面を、「五感」を使って描写すると？

顧客の痛みは、自分の痛みだと深く感じ、ハートとハートでつながるレベルになると言ってもいいだろう。

顧客が一人で深く思いわずらっていることはないか？

例えば、リンゴの例であれば、

「食に対して不安がある。農薬、除草剤、遺伝子組換え……。花粉症やアトピーが増えているのも心配だが、それ以上に心配なのは『食は記憶をつくる』ということだ。

私にとってリンゴの記憶は、田舎から送られてくる、今はなつかしい、葉つきのリンゴだった。リンゴの木には鳥が集まったらしいが、母がリンゴの皮をむくと、兄弟みんなが鳥のように集まったっけな。安らかで、温かい家族団らんの記憶だけど、自分の子どもたちは、今、いったいどんな記憶を刻んでいるのだろう？」

このように、顧客の内面を深く想像することで、「**この会社は、どうして私をここまでわかってくれるのだろうか」と感心される**ことになる。商品だけを販売し、ビジネスとして関わってくる会社とは大きく差別化されるのだ。

「神田さん、ちょっと待ってください。これは、リンゴを売ることとは、何の関係もないですよ。それを表現したって誰も、そんな話に耳を傾けるはずがないでしょう？　葉っぱつきだろうが、そうでなかろうが、家族の団らんの記憶になろうがなるまいが、そんなことで売上は変わらないでしょ！」

あなたは、そう言うかもしれない。しかし、ほら……文章を読んでいるうちに、あなたも、昔味わった食の記憶と、家族の記憶を思い出しているはずだ。そして、人の痛みを理解し始めると、それが自分の痛みに変わり、自分が持っている商品（リソース）を通じて、何かできることはないかと探し始める。

その結果、不思議なことに、リンゴが売れるかどうかは、だんだんどうでもよくなってきて、ある人はこう考え始めるかもしれない。

「そうだ、**家族の記憶をつくるリンゴ**を提供するという気持ちで、リンゴを売ったら、どうなるんだろう？」

「生産者である自分の家族を愛するから、そして顧客とその家族を愛するから、農薬やワックスをできるだけ少なくし、自然のままでお届けできないか。利益を上げる商品としてのリンゴではなく、**家族に食べさせたいリンゴ**をつくる。そうだ！　リンゴを通じて、**愛にあふれる家族の記憶**をつくりだす、……それが自分の、真の仕事じゃないだろうか！」

このように**顧客の内面を深く想像することで、自分の内面にも深く入り始め、自分にし**

かできないことが浮かび上がる。

「『愛にあふれる家族に、真の安心と健康を届けるリンゴづくり』が、私のライフ・ワークです」

このように心から表明できたとき、どれほどの人が、このリンゴを食べてみたいと考えるだろうか？

他社は、リンゴという、顧客の生活のほんの一部にしか入り込めない商品を販売しているが、あなたの会社は、顧客とともに、**家族の記憶をつくるという事業**に取り組み始める。

その結果、一度、購入して満足した顧客は、単に一過性のおつき合いではなく、生涯にわたってあなたの会社とつき合うようになる。

顧客が商品・サービスを購入するということは、顧客にとっては「自分の抱えている問題を解決する」ということ。もっといえば「**〝今の自分〟から〝新しい自分〟に変化する**」ということだ。

そして、どんなにその商品・サービスが自分にとって〝良い変化〟だとしても、人は変化には慎重になる。なぜなら、どんな変化にも、メリット・デメリットがあるからだ。

そこで、その解決策（商品・サービス）が好ましいか、まずは**感情で判断**し、次に、その解決策の選択が本当に正しいか、**理性で検討**する。このための情報が足りないと、顧客は解決策が自分にとっては役立たないことを逆に証明しようとする。

だから、商品・サービスの購入による「自分の変化」に対して、できるだけ安心してもらえるよう、事前に、十二分に、購買判断に役立つ情報を挙げておかなければならない。

その情報を引き出すのが、次の **質問5** だ。

質問5

なぜこの商品は、その悩みをカンタンに、短時間で解決できるのか？

それを聞いたとたん、顧客はどんな疑いを持つか？

その猜疑心を吹き飛ばす〝具体的・圧倒的な〟証拠は？


リンゴの例でいえば、ここで考えるべき証拠とは、「糖度○度」だとか「大きさ」といった商品自体の機能性表示ではない。

また、会社自体の信頼性を表現する「表彰歴」や「社歴」でもない。「愛にあふれる、家族の記憶というトータルな価値を提供している」という〝事実〟が必要なのだ。

圧倒的に有効なのが、「**お客様の声の数**」、そして「**写真**」だ。

この場合、お客様の声は、リンゴのおいしさだけを讃えるかといえば、そうではない。

「誕生日に贈って、母から感謝された」

「焼きリンゴ、アップルパイ、何にしても……家族に喜ばれます」

「今度、この農園のリンゴ狩りに行ってみたいね……と家族旅行の話になりました」

などなど。

そして写真は、

「リンゴに群がる、幼稚園児」

「リンゴの木の下で、リンゴをほおばる家族」

「親子3代、リンゴとともに」

といった写真だ。

こうした作業は、〝やらされ仕事〟の場合には、「オイオイ、ここまで考えなければならないのか」と面倒くさがられるかもしれない。

しかし、これが〝自分のライフ・ワーク〟だとはっきりわかった場合、喜び以外のなにものでもない。

商品づくりの才能の提供が顧客に喜びをもたらし、その顧客の喜びが自分の自信になってくる。つまり、**仕事が、自らの人生の表現活動**になっていくのだ。

以上が、クライアントの事業を、売れるように変えるために、必要な情報を**20分間で引き出す「5つの質問」**で、最小限の質問セットだ。使ってみるとわかるが、単に売上を上げたいということで、テクニック的にこの質問を使いながらも、顧客のことを深く考えることで、結果としては、自分自身の内面を深く見つめ直す質問になっている。

そのことで、**事業の存在意義を考え、そして新しい認識のもとで、事業を再構成していくプロセスになっている**ことがわかるだろう。

私の著書は、はっきりいって、使えば効果があり、お金をもたらす。

だから「神田の話は、お金のことばかり」と誤解されることもあるが、申し訳ない。

稼ぐためのテクニックに見えるだろうが、それは「入口」だけ。

「出口」は――、あなた自身の変革を通じて、世界を変革することなのだ。

では、いよいよ【貧す人】と【稼ぐ人】の対比から「売れる法則85」を見ていこう。

法則
01

分離から統合への法則

貧す人
私は、**私**。あなたは、**あなた**

稼ぐ人
私は、**あなた**。あなたは、**私**

言葉の選択・使い方によって、あなたのビジネスの成長が大きく加速する。

では、どのように言葉を変えていけばいいのか？

これからお話しする85の法則の、すべての基本になる法則としてまず紹介したいのが、「**分離から統合への法則**」だ。

「統合」とは、顧客はあなたに深く共感し、あなたは顧客に深く共感している状態、つまり「**顧客＝あなた**」**という同盟関係をつくる**ことだ。

この場合、顧客はあなたの会社に愛着を感じるので、優先的に購入することになる。

逆に会社と顧客が分離している状態、すなわち「私は、私。あなたは、あなた」というギブ・アンド・テイクの契約関係が透けて見えてしまうと、顧客は価格だけで判断し、ライバル社と比較検討した後でないと、なかなか買ってくれない。

この微妙な差は、売上の大きな差となって返ってくる。

例えば、学生服販売店が、中学入学を控えた家庭に向けて案内を出すとする。

反応率が高いのは次のAとBのうち、どちらの文章だろうか？

A「創立80年の神田商会は、地元のお客様のご愛顧により、毎年5人中3人の生徒様に制服をご愛用いただいております」

B「お母さん、お父さん、ご苦労様です。実は、私にも息子がおります。長男が中学に入学したときを、昨日のことのように思い出します」

答えはB。

これは実際に案内されたダイレクトメールの第一文だけを抜き出したものだが、その違いは驚くほど。売上で、3倍近くの差が生じた。

理由は明らかで、自分（自社）のことしか語っていないAに対し、Bは「**私にも……**」**という表現で、顧客とのつながりを表現している**からだ。

【貧す人】は、顧客との間に「**壁**」をつくる。

【稼ぐ人】は、顧客との間に「**縁**」をつくる。

言葉の力によって、バラバラの人間同士を、つながりを持った調和的な状態にできるか。

これが、**稼ぐビジネスをつくる法則の根幹**だ。

成長カーブの法則

貧す人 **現在に問題**とすべきは、何?

稼ぐ人 **未来に準備**すべきは、何?

商品が売れなくなり始めると、多くの人は頭を抱えるが、実はそのときから、あなたの成功物語が始まる。なぜなら、市場に変化が訪れており、あなたがその変化をリードすれば、大きな業績を上げられるチャンスだから。そのために役立つのが「**成長カーブの法則**」だ。左下にある成長カーブを知ると、**数年後の市場変化が手に取るようにわかる。**

成長カーブで覚えておいてほしいのは、「**導入期**」「**成長期**」、そして「**成熟期**」の期間**は、ほぼ同じ**になるということだ。だから、**成長期が始まるまでの期間がわかれば、いつ成長期が終わり、「成熟期」が始まるかを予想できる。**

例えば、コンビニの淹《い》れたてコーヒーは、ミニストップが2009年に始めたが、その後、2011年から2012年にかけ、ローソンなどが相次いで参入。このように、短期間で2〜3社が同じ市場に参入するのは、成長期に入った合図だ。そこで計算してみると、導入期は２・５年間。成長期も同じ年数になるから、２０１４年半ばには「成長期」が終わりを迎える。実際２０１４年、コーヒーでは差別化できなくなると新たに登場したのが、チルド弁当（５℃程度の温度帯で管理）だ。チルド弁当の導入期は、各社が技術開発やマーケティング戦略を強化し始めた２０１０年頃から始まったと考えられる。多くの消費者に認知され、定番商品となったのが２０１８年頃だから、導入期は８年。その後、２０２２年には常温弁当を逆転したといわれるほど、コンビニの主力商品となった。これは成長の息の長い商品だが、これから戦国時代に入る。

【貧す人】のように成長カーブの知識がないと、現在の問題に固執し、「昨年までは調子が良かったのに、今年は全然売れないよ」と文句を言うしかない。

【稼ぐ人】なら……、「来年には売れなくなるから、今のうちに準備しておこう」と事前に対策を打っている。

未来への飛躍は、低成長のときに準備されるのだ。

■成長カーブの法則

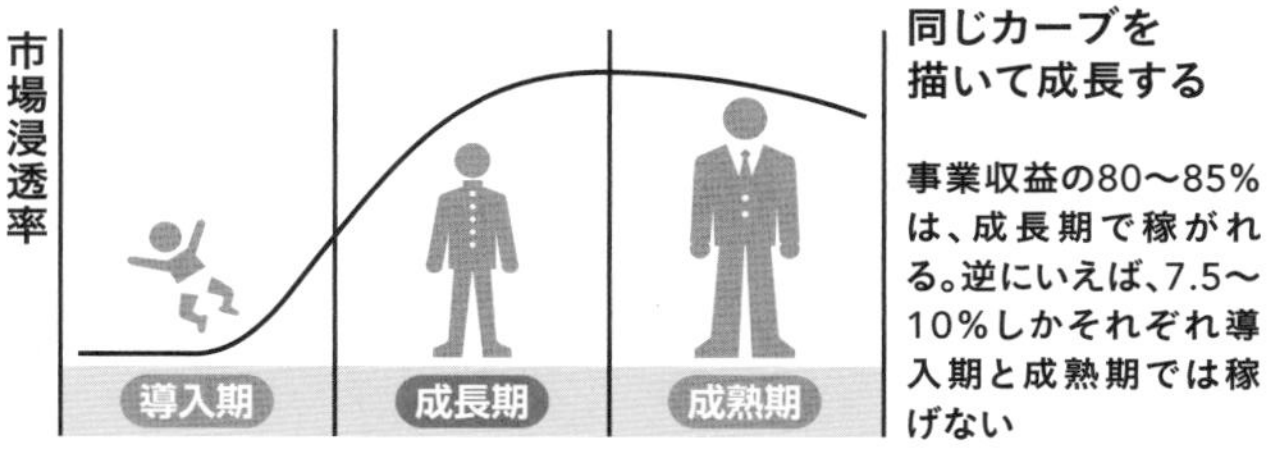
市場浸透率
人間も事業も、同じカーブを描いて成長する
事業収益の80〜85%は、成長期で稼がれる。逆にいえば、7.5〜10%しかそれぞれ導入期と成熟期では稼げない

法則

03

戦わずして勝つ法則

貧す人 競合に真っ向勝負を挑んで、負ける

稼ぐ人 競合と戦わなくていい市場で、勝つ

【貧す人】は、マーケティング戦略と聞くと、いかにして競合に勝つかを考える。競合を調べ、品質、価格、サービスなど競合をしのぐことを目指し、消耗戦を挑んでしまう。

しかし、**最強の競合戦略は、「競合と戦わないこと」**だ。目指すべきは、競合より強くなることではなく、「**稼ぐこと**」だ。

競争の激しい市場のことを**レッドオーシャン**、それほど激しくない市場のことを**ブルーオーシャン**という。

血にまみれたレッドオーシャンで戦って疲弊するより、のんびりとブルーオーシャンで楽しく稼ぐほうがいいと思わないか？

実体験を話そう。

私は経営コンサルタントとして独立する前に、米国家電メーカーの商品を輸入・販売し

ていた。米国の家電製品は日本市場への参入を狙っていたが、なかなかうまくいっていなかった。しかし、私は「俺がやればできる」と思い込んでしまった。

あらゆることを試行錯誤して一生懸命やったが、思うような結果は出ない。やがて気づいた。過去にトライした人も同じように努力したはず。にもかかわらず結果が出なかったのだ。そのとき思い知った。

愚者は、俺がやればできると考える。

賢者は、愚者でもできることをやる。

戦わずして勝つための大原則は、**強者が猛威をふるう市場には、踏み込まない**ことだ。

では、ブルーオーシャンを見つけるためにどうすればいいのか?

答えは「**ニッチ**」を探すことだ。ニッチとは「隙間」という意味で、市場の隙間になっていて、**あまり人がやっていない市場を狙う手法**だ。

例えば衣服の場合、男性、女性、子ども、赤ちゃん向けと幅広く扱う衣料品店を展開しようとすると、ユニクロなどの大手と戦っても勝ち目は微塵もない。

しかし、女子高生向けに特化した服を扱ったり、ビッグサイズに特化した服を扱ったりすれば、大手と直接戦うことなく、勝つことができる。

【稼ぐ人】は、**競合相手のいないポジションを見つけ出している**のだ。

法則
04

価格競争に陥らない法則

貧す人 ターゲットは、〝これ〟

稼ぐ人 ターゲットは、〝これ〟と〝あれ〟

価格競争で一時的に勝者になったとしても、低価格により利益が薄い中で会社を成長させ続けることは、天才経営者でもない限り無理。

そこで価格競争が始まると、【稼ぐ人】は、**価格競争をする必要のない分野を新たに見出そうとする**。実は、競争が激化する成長期の後半は、市場が拡大しているので、多様な顧客ニーズが生じている。だから、**自社の強みが活かせる隙間（ニッチ）市場をカンタンに見つけられる**。そこで【稼ぐ人】は、市場に2つの山がないかと、観察する。

山とは、顧客ターゲット層のこと。**2つの顧客ターゲット層が視界に入ったとき、あなたのビジネスには、想像を超える広大な裾野があったことに気づく**ことになる。

例えば、住宅販売の場合、ターゲット客は30代後半～40代前半、初めて住宅を買う層だと、多くの営業マンは答える。しかし、よくデータを見ると、定年退職した60代が住宅展示場に足を運んでいる。孫たちと近くに住むために、土地ごと2区画分取得して、2世帯ごと引っ越すニーズが生じてきたからだ。

このニーズを捉えた会社は、**「売る努力は同じでも、売上は2倍」という新しいビジネスモデルの突破口を開く**ことになる。

飲食業界にも、新しい山が現れた。インバウンドの拡大で、外国人観光客が増えた。日本滞在中に彼らをファンにできれば、観光客が帰っていくすべての国が、自社の海外展開の次なる有望市場になっていく。

もう1つ例を挙げると、美容室。最近では、学習塾の近くに美容室を開店するところが出てきた。理由は、子育て世代のお母さんが近くに子どもを預けながら、美容室に行ける時間を確保できるからだ。「母」と「子ども」の2つの山の裾野を押さえると、事業の寿命は、一気に延びる。

【貧す人】は、顧客ターゲット層を1つしか挙げられない。その山は成熟期になると消えていってしまう。

【稼ぐ人】は、顧客リストという光景の中に、「**新しい山はないか？**」と常に問いかけている。そして、その山を見つけたとたん、今までの顧客に提供してきた価値を、新しい顧客に提供することに夢中になるのだ。

法則
05

ビジネス断捨離の法則

貧す人 なんでも、やっています

稼ぐ人 それは、やっていません

会社の強みを凝縮した1つの商品を見出したとき、あなたは大きく飛躍する！

そう断言してもいいほど、このアドバイスは重要だ。

多くの会社は、あまりにも事業数、商品数が多い。

しかし、この複雑性は弱みではなく、実は、あなたの会社の強みだ。

なぜなら、何も考えずに仕事をしてきたのではなく、顧客の要望に最大限応えてきた結果だからだ。

そして、これは、顧客を満足させてきた、すぐれたビジネスの種がたくさんあるということなのだ。

それをパッケージし直し、会社の未来を支える屋台骨へと仕立て上げられたとき、会社は一気に飛躍する。

「どれだけ良いアイデア（good ideas）を殺せる（kill）かが勝負だ」

と、スティーブ・ジョブズは言った。

この哲学は、今も引き継がれていて、時価総額世界トップに立ったこともあるアップルは商品ラインナップが非常に狭い。iMac、MacBook、iPhone、iPad、Apple Watchと数えるほどだ。

一度追放されたジョブズが１９９７年にアップルに戻ったときに行ったことは、60種類あったＰＣを、１機種３モデルに絞り込んだこと（「ダイヤモンド・オンライン」２０１１年10月18日『特別講　スティーブ・ジョブズは、本当は何に優れていたのか』三谷宏治［K.I.T.虎ノ門大学院教授］記事より引用）。

Apple Watchは、まったく新しいものを開発したわけではない。

今まであった技術とサービスを、未来に見合うように新しいパッケージでまとめ直したものだ。

【貧す人】の会社は、過去からの遺産をもとに食いつなぐだけだが、

【稼ぐ人】の会社は、**過去からの遺産を未来に合う事業の柱へと結晶させる。**

それだけの宝が、あなたの目の前の複雑さの中にある。

あなたの**様々な商品を、１つの商品でパッケージし直そう！**

法則
06

顧客を魅了するベネフィットの法則

貧す人

この商品は、○○です

稼ぐ人

この商品を活用すれば、○○できます

商品の価値を魅力的に伝えるには、少なくとも5つ、できれば7つ、顧客に与えるベネフィットを並べる必要がある。

ベネフィットとは、「**その商品・サービスを購入すると、顧客にとってどんないいことがあるのか**」だ。

「顧客を魅了するベネフィットの法則」を紹介すると、左図の通りだ。

このように箇条書きにすることで、「こんなに多くの効果があるんだ」と驚きを与えることができる。そして、購入する価値がある商品だと思ってもらえる。

また、「この商品は○○です」と機能を説明した場合は売り手視点での説明になるが、「**○○できるようになる**」「**○○になれる**」という表現は、顧客が商品を使っている姿をイメージしやすい、**買い手視点の説明**となる（この表現を使うときには、薬機法〈医薬品、医療機器等の品質、有効性及び安全性の確保等に関する法律〉をはじめとした法規制への対応は必須）。

つまり、商品特徴を5〜7つ考え、それを「○○できるようになる」「○○になれる」という2つのパターンによって表現するのだ。

そして、読み飛ばされないためのコツは、**「さらに」「しかも！」**と、**リストを分けて説明する**こと。これによって、すべての項目に目を通してもらいやすくなる。

【貧す人】は、商品をそっけなく説明する。なぜならきちんと商品知識を学んでいないから。

【稼ぐ人】は、**商品を深く愛しているから、顧客に応じて様々な観点から説明できる。**商品を愛すれば愛するほど、顧客に伝わる商品価値は高くなる。

商品説明は、顧客へのラブレターなのだ。

■この商品を使うことで、あなたが得られる効果のほんの一部を挙げると……

1　○○（商品ベネフィット1）できるようになる
2　○○（商品ベネフィット2）になれる
3　○○（商品ベネフィット3）できるようになる
4　○○（商品ベネフィット4）になれる
さらに……
5　○○（商品ベネフィット5）になれる
6　○○（商品ベネフィット6）できるようになる
しかも……！
7　○○（商品ベネフィット7）になれる！

法則07

「あったらいいな」をカタチにしない法則

貧す人 「あったらいいな」をカタチにする

稼ぐ人 「ないと困る」をカタチにする

世の中には、「**あったらいいな（でも、なくても困らないな）**」という商品・サービスが多い。しかし、ＡＩ本格化時代を勝ち抜くためには、「**なくてはならない**」商品を売ることが大切だ。

小林製薬が「あったらいいなをカタチにする」というコンセプトで商品展開をしているが、実はあれは特定の問題に絞り込み、その問題を抱える人にとっては「ないと困る」という位置付けの商品を展開しているのだ。

「あったらいいな」を「なくてはならない」にするコツは、**世代別に考える**ことだ。

例えば60代の場合、「あったらいいな」は海外旅行やリタイア後の住居、高級車などがあるが、「なくてはならない」のは、やはり明晰《めいせき》な頭脳だろう。

平均年齢が60代の経営者仲間とオンライン会議をしていたとき、私が「脳の健康を保つサプリを飲んでいる」と話すと、それを販売するサイトに注文が殺到。頭脳を明晰に保つサプリは、高齢化する経営者にとって、まさに「なくてはならない」ものになったと実感した。

40代半ばにとっての「なくてはならない」は「好条件の転職先が見つかる人材紹介」、50代なら「生涯、働けるセカンドキャリア」、70代なら「貯蓄と健康」……。

その立場になりきると、具体的な商品・サービスが見えてくる。

一方、同じ機能の商品でも、アイデア次第で「あったらいいな」を「なくてはならない」に変えられる。

例えば、孫の成長を映像で見られる「コミュニケーション・アプリ」があったとする。この打ち出し方だと「あったらいいな」だが、逆の視点から「認知症の親の安全を確認できるアプリ」に変えると、とたんに「なくてはならない」になる。

また、新規事業開発への法人コンサルティングだと「あったらいいな」だが、デジタル変革を加速するためとすると「なくてはならない」になる。

このように【貧す人】は、「あったらいいな（でも、なくても困らないな）」の領域で苦戦するが、【稼ぐ人】は、「**ないと困る**」**位置付けを探し、圧勝**するのだ。

法則

08

記憶にネバりつくネーミングの法則

貧す人

自らの思いを込めたネーミングにする

稼ぐ人

記憶にネバりつくネーミングにする

商品・サービスの名称はあなたが思っている以上に重要だ。深く説明しなくても、商品・サービスの名前を聞いただけで、どんなものかイメージできれば、販売面で有利になる。

ところが、【貧す人】は、**自分の思いを込めただけで、顧客のことを考えない独りよがりなネーミング**をしてしまう。

一方、【稼ぐ人】は、記憶にネバりつくネーミングを考える。

記憶にネバりつくネーミングの秘訣は次の通りだ。

全部の要素を満たす必要はない。ネーミングを考える上での切り口として考えるといい。

- **直感的にわかるか？**
- **イメージしやすいか？**
- **使いこなせそうか？**

■**目的に合致しているか？**
■**なじみのある言葉か？**
■**口に出して言いやすいか？**
■**書きやすいか？**

商品・サービスの名前を聞いただけで**直感的にどんなものかわかり、イメージしやすいと絶対有利。**「新築そっくりさん」（住友不動産）、「熱さまシート」（小林製薬）はその例だ。

目的に合致しているかについては、商品・サービスの販売方法や認知拡大方法と関連してくる。具体的にいうと、ウェブ上の検索から顧客を集めたいなら、検索されやすいネーミングが必要。典型的なのは、「カテゴリ名＋地名」（あるいはその逆）。例えば「動物病院奈良」という動物病院が実際にある。ネット検索は集客のカギなので、**検索されやすいネーミング**は重要だ。

別の例としては、五十音リストで上位にくるよう、「あ」で始まるネーミングにしたり、電話番号を覚えてもらえるよう、記憶に残る電話番号をネーミング化したりする方法がある。また、口に出して言いやすいか？　書きやすいか？　という切り口は、ＳＮＳで話題になりやすいかに直結してくる。だから、特殊文字が入っていたり、英字の大文字と小文字がランダムに混じっていたりして、**書きにくいのは避けよう。**

法則

09

自然は真空を嫌う法則

貧す人

ワインを売るために、**ワインの種類を増やそう**

稼ぐ人

ワインを売るために、**ワインセラーを売ろう**

自然は、真空を嫌う。

だから、大きな器を用意すると、それは必ず埋められていく。

例えば、あなたが、ワインショップを経営しているとしよう。そこで、ワインをたくさん売りたいとき、【貧す人】は、ワインの種類を増やすが、【稼ぐ人】は、大きな器としてワインセラーを販売する。するとワインセラーを買った顧客は、棚スペースを埋めるために、ワインを買うようになる。

あなたが今扱っている商品・サービスについて、**どんな「大きな器」を用意できるだろうか?**

目の前の自分が扱っている商品・サービスだけでなく、今まで思いもしなかった価値観についても考えてみよう。

また、「自然は真空を嫌う法則」が当てはまる例は、他にもある。

例えば**スタンプカード**。テクノロジーの発達でLINEなど、デジタル空間でもスタンプを扱えるようになった。このスタンプカードを使うときのコツをこっそり教えよう。

間違っても、白紙のスタンプカードを渡しちゃダメ。最初から1つか2つ、スタンプを押しておくのだ。そして、なるべく早いタイミングで、特典やプレゼントが受け取れるようにしておく。

例えば、10個スタンプを貯める場合、5個貯まった時点で、何らかの特典がもらえるようにしておく。さらに、渡すときには、最初からスタンプを2つ押しておく。そうすれば、あと3回購入するか、来店するかで特典がもらえるわけだ。商品・サービスや価格帯によってスタンプを埋める回数は変わってくるが、埋めたくなるよう真空を設計しておこう。

ちなみに、**顧客リストも真空を嫌う**。大きな取引先がなくなった後、すぐにもっと大きな取引先ができたという経験はないだろうか。

自分の価値観に合わない顧客と無理してつき合うより、おもいきって整理してみよう。するとその真空を埋めるように、価値観の合うもっといい顧客が入ってくるだろう。

肝心なのは、先に空けること。残念ながら、いい顧客がきてから空けようとしても無理。スペースは先につくらないと、入ってこない。

法則
10

販売後に後悔しないビジネスモデル構築の法則

貧す人 売れそうな商品をつくって、買う顧客を探す

稼ぐ人 顧客を探して、顧客のほしい商品を提供する

スキルやノウハウ系のコンテンツを売ろうとする人が、よく陥る落とし穴がある。

「自分にはこういうスキルがあるので、これを教えてあげよう」

こう考え、なかには数百万円かけてスタジオを借り、立派な編集をして豪華な映像をつくって講座を売り出したもののさっぱり売れず、真っ青になって駆け込んでくる人がいる。

スキルやノウハウ系に限らず、**【貧す人】**は、自社（自分）ができるのは、こういう商品・サービスだから、それをつくって売ろうと考える。

私が米国家電メーカーの商品を販売していたとき、なかなか売れずに苦戦していた。そんなとき、ある大手量販店から商談依頼があった。私は商品を準備せずに手ぶらで出向き、次のように尋ねた。

「どんな商材をお探しですか？　それを開発しましょう」

相手は面食らっていたが、どんなものがほしいのか、具体的に教えてくれた。その情報をもとに、韓国メーカーにOEM生産してもらった。この作戦が大成功し、それまで苦しんでいたのがウソのように売れるようになった。

これを象徴するものに、**マーケットイン**と**プロダクトアウト**という言葉がある。

この言葉の定義はとても深いが、わかりやすく説明すると次のようになる。

市場のニーズを調査して、そのニーズに合う商品・サービスを開発して売るのが、マーケットイン。自社で開発できる商品・サービスを先に用意して、後から売り方を考えるのがプロダクトアウトだ。

ただ、プロダクトアウトが市場のニーズをまったく考慮していないかというと、そうではない。

こう書くと当たり前のように聞こえるが、実際には自社ですぐできるものをつくって売ってしまうケースが多い。そして、売り始めてから、市場がまったくなかったことに気づく。それではあまりにも遅い。まずは販売後に後悔しないビジネスモデルをしっかりとつくろう。ビジネスの成否を分けるのは顧客だ。カネがなくても、人脈がなくても、人がいなくても、顧客がいればビジネスは立ち上がる。

【稼ぐ人】は、**まず顧客を探し、顧客の求めるものを売る**のだ。

法則

11

声《せい》富《ふ》の法則

貧す人

予算をどれだけ確保できるか？

稼ぐ人

利益をどれだけ確保できるか？


会社を大きく発展させるために、絶対に失敗しない、確実な方法がある。

それは大ヒット商品を開発したいときでも、新しいビジネスモデルを見出したいときでも、大口の顧客と出会いたいときでも、必ず効果を発揮する。

その方法とは、**顧客の声に耳を傾けること**だ。顧客の声は、売上を上げるアイデアの宝庫。だから、「**声《せい》富《ふ》の法則**」と呼んでいる。では、どうやって声を富に変えるのか？

まずは、顧客リストを眺める。リアルに顧客の名前、住所が書かれているファイルを見ると、**顧客の一人ひとりがデータとしてではなく、顔を持った人間であることが感じられる。**

いったいどの地域にどんな人が住んでいるのか？　マンションか？　一戸建てか？　若い人が多いのか？　年配者が多いのか？　どんな商品を買い、どんな商品を買わないのか？　さらに購入履歴を見れば、どの商品を買った後、どんな商品を買う人が多いのか？

こうした驚くほどの情報が、たった20分、顧客リストを眺めるだけで得られる。

その後、顧客をより深く理解してみよう。

顧客の声はアンケートで集められる。その中から気になる声を取り上げ、議論する。

長年の顧客にアフターサービスを提供しながら、商品の使用状況を深く尋ねる。

クレームを一時的に解消するのではなく、その背景にある問題をあぶり出す。

今までの顧客層と異なる人を会食に招待するなど、顧客との接触を増やし、その声を社内に拡散していく。このように、顧客の顔が想像できると、顧客が喜びそうな新しい提案がいくつも浮かんでくる。

お勧め商品を提案するクロスセル、より高付加価値の商品を提案するアップセル、より廉価な商品を提案するダウンセルなどの基本をやるだけでも、想像以上の利益が得られる。

結果、新しい挑戦への潤沢な原資を確保できるようになる。

【貧す人】は、「予算をどれだけ確保できますか？」と会社に尋ねるが、

【稼ぐ人】は、「**利益をどれだけ確保できるだろうか？**」と**自分に**尋ねる。

そして、その利益を生み出す顧客へのさらなる奉仕を企画・実行する。

事業の新しい飛躍を支えてくれるのは、いつも「顧客」なのだ。

法則
12

心に刺さるコピーの法則

貧す人
顧客には、どんな「ニーズ」があるか？

稼ぐ人
顧客には、どんな「痛み」があるか？

私は「アドバイスをいただけませんか」とセールスコピーを渡されたとき、「**あなたの商品・サービスは、顧客のどんな痛みを解決できるのですか？**」と尋ねる。

相手はキョトンとするが、その答えが明確でないと、あなたにお金を差し出す人は、まずいない。

例えば、あなたが働く女性を応援する保育園の比較サイトを運営しているとしよう。

その際、【貧す人】は、顧客への文章で、**社会問題を語ってしまう**。「慢性的な保育所不足が深刻です。今、『待機児童』が社会問題となっています」といった具合だ。「痛み」が他人事になっている。これでは、実際にお金を払う顧客からは何の賛同も得られない。

一方、【稼ぐ人】は、顧客の痛みを自分の痛みとして感じ取り、自分が役に立てることはないかと考える。結果、**言葉はグッと対象顧客に近いものになる。**

例えば、「ショック、今年も抽選漏れ！　そんなとき頼りになる最強のママ友が、ここにいます」といった具合だ。

顧客の本音を理解し、心に刺さるコピーを考える上で効果的なのが雑誌記事の見出しだ。面白いなと思うキャッチコピーを見つけたら、自分の商品に活かせないか考えてみよう。

例えば、「女の肌は、崩れない。崩せない」というコピーを、保育園比較サイトに活かすなら、「保育園選び――ママの理想は、崩れない。崩せない」。

「おしゃれな人は、今、何着てる？」というコピーを見つけたら、「仕事ができるママは、保育園をどう選ぶ？」と工夫してみる。

このように、**対象顧客が読みそうな雑誌記事の見出しを参考**にしてみると、会社と顧客との間の言葉づかいではなく、気持ちを理解してくれる友人たちとの言葉づかいとなり、共感を持って読まれるコピーになる。

もちろん、アクセサリーやファッション、飲食などの喜びを満たす事業は、痛みとはなんら関係がない。

しかしそれでも、自分に似合うピッタリの店が見つからない……そんな空虚さという痛みを感じ取れると逆に、大きな喜びを表現できる言葉が浮かんでくるものだ。

痛みがわかるからこそ、喜びがわかる。思いやりこそ、最強のコピーなのだ。

法則
13

見つけやすい顧客像の法則

貧す人 ターゲット顧客は、**イメージ**で決める

稼ぐ人 ターゲット顧客は、**探しやすさ**で決める

商品・サービスが売れるためには、次のような基本の流れがある。

見込客（買う可能性のある人）を探す→見込客を集める→見込客に売る。

当たって砕けろとばかりに、手当たり次第アプローチすればいいわけではない。

あなたは自分の商品・サービスが、どんな人に適しているか、即座に答えられるだろうか？

【貧す人】は、「たくさんの人に使ってもらえる」と答える。ターゲットがイメージできておらず、絞りきれていない。

これではメッセージが刺さらず、売れない。

そこから次の段階に進むと、ターゲット顧客をイメージできるようになる。

ところが、ここに**落とし穴**がある。

一見ターゲットが絞れていそうに見えても、**探しにくいターゲットでは意味がない**。

どういうことか？

例えば、あるサービスの対象顧客を「お金に困っている人」に決めたとする。

確かにお金に困っている人は一定数いるだろう。だが、お金に困っている人はどこにいるのか？　どうやって探すのか？

最近はデジタルマーケティング技術が発達してきたので、ある問題やテーマに関する興味関心がある人を特定しやすくなった。

「そうですよ、神田さん。インターネット広告を使えば、『お金に困っている人』といった抽象的なターゲットでさえ、集めることができますよ」

確かにそうだ。しかし、幅広いターゲットの中から反応を得ようとすると、幅広く目につくようにしなければならない。そうなると、当然、広告コストは高くなる。

一方、「資金繰りに苦労している経営者」のように、**職種で絞り込めば**、インターネット広告でターゲット設定が可能になる。こうすれば、コストを抑えながら対象顧客を見つけることができる。職業や職種の他にも、「**年齢**」「**地域**」などは探しやすい典型例だ。

【稼ぐ人】は、**自分が売りたい顧客は、どこにいるのか？**　を考え、顧客ターゲットを決めているのだ。

法則
14

アイデア創出の魔法のランプの法則

貧す人 成功した事例はあるか？

稼ぐ人 成功イメージはあるか？

今や富は、努力して稼ぐものではない。「**歓喜しながら湧かせるもの**」といったほうが現実に近い。理由は、いいアイデアがあれば、クラウドファンディング（ネット上で不特定多数の志により資金を集める方法）により、全世界から資金と顧客を集められるようになったからだ。

では、すぐれたアイデアはどうすれば、得られるのか？

【貧す人】は、面白いアイデアはないかと、過去を探索する。

【稼ぐ人】は、「理想の未来には、何があるか？」と、未来を探索する。

その際、**言葉より先に「イメージ」を考えることで、思い込みによる思考を回避し、革新的な発想ができるようになる。**

このイメージを使った思考法は、ウィン・ウェンガー博士（【参考書籍】ウィン・ウェンガー

＋リチャード・ポー著、田中孝顕訳『頭脳の果て』きこ書房）により、「**ジーニアスコード**」というメソッドとして体系化されているので、具体的な方法を１つ紹介しよう。

「クラウドファンディングに最適な新しい戦略商品は何か？」という質問に対する答えがほしいとしよう。

まずは軽く目を閉じ、あなたがとても満たされている未来から、プレゼントが届けられたと想像する。そして「１・２・３」と数えたら、頭の中の想像の箱を開く。飛び出してきたイメージを、目を開いてから紙に描きとめる。

このイメージが未来からの答えだ。箱の中から、「鶴」と「亀」が出てきたとすれば、そこから連想を広げていく。

質問とはまったく関係ないと思っても、ブレーンストーミングを行っていると、だんだん得たい答えに関連するアイデアが浮かび上がってくる。

「海でも空でも使える、耐久性がある商品はできないか？」「亀の甲羅のように収納できる箱を、ツルツルした素材でつくれないか？」といった具合だ。

これはＡＩにはできないワザだ。

このように、**イメージによる発想法を使いこなせるようになると、富は必要なときに、いつでもつくり出せるようになる**。そう、『アラジンと魔法のランプ』のように。

法則
15

単純ミスをアイデアに変える法則

貧す人 誤字は、**ただちに修正**しよう

稼ぐ人 誤字は、**じっくり見て**みよう

字を間違えたら、恥ずかしがるのではなく、そこに「**重要なメッセージが現れた**」と考えてみよう。これが、**間違いをきっかけに鳥肌もののアイデアを見つける方法**だ。

私の実話。あるとき、「評判」を「評番」と書いてしまった。普通なら、さっと消して書き直すだろう。しかし、ちょっと待った。

なぜ1番、2番の「番」が出てきたのか？　そこには何かメッセージがあるのでは？と考えた。すると、「番＝つがい」と解釈できた。すなわち、この仕事が評価を受けるには、二人のペアで、取り組む必要があるのではないかと気づいたのだ。

それで最適な人は誰かと探したら、いるではないか！　そこからプロジェクトがグイグイ進むようになった。

これが**フローに乗り込むために役立つテクニックで、「外応《がいおう》」**という。

【貧す人】は、間違いを「失敗」と捉える。

【稼ぐ人】は、**間違いを偶然のメッセージと捉える。**

これで、まったく発想が変わってくるし、次なる打ち手も変わってくる。

不思議なことに、私たちの**内面と、外的環境とは、相互に呼応し合っている。**

しかも面白いことに、行き詰まったときほど呼応しやすくなるのだ。

クリエイティブな作業は、ほぼ必ず行き詰まり、どうしても乗り越えられないと思える壁にぶつかることがある。すると、どんよりと空気が重たくなってきて、言葉が少なくなり、表情も浮かなくなり、まるで深海の底にいるような感じになる。

そんなときにスマホが鳴ったりする。そこで、誰からか、どんなメッセージか、その中に今の問題解決のヒントがないかという目線で探すと、ブレイクスルーにつながることがある。

これは映画化もされている。クリストファー・ノーラン監督の『インターステラー』。

また戦国武将も「いつ攻めるべきか？」を判断するのに、このようなテクニックをよく使っていたようだ。

アイデアに行き詰まったとき、何か予想外のことが起こったら、それは打開策を見出す大チャンスだ。

法則
16

ピロークエスチョンの法則

貧す人 正しい「答え」は何？

稼ぐ人 正しい「問い」は何？

自分がワクワクするようなアイデアを思いつき、それを仕事で実行する。そして結果が出たとき、あなたは、どう感じるだろうか？

きっと「やった〜！」と心の中で、ガッツポーズを取るだろう。自分で思い描いたアイデアを実行するのは、最上の喜びだ。明確なアイデアを手にすると、それは未来から送られてきた強力な磁石のように、自分を突き動かしていく。

今まで「こんなの、お金にならない」「自分の力を活かせない」と不安を抱え、愚痴っていたのが、ウソのように消える。

なぜなら、**仕事で他者貢献しながら自己実現できるのは、最高の報酬**だからだ。

「神田さん、それはわかるんですが、私には夢中になって取り組めるものが見つからないんです……」

そこで、あなたに試してほしいのが、**寝ている間に答えが出てくる質問法「ピロークエスチョン」**だ。やり方は、カンタン。答えを知る必要はまったくない。**都合のいい質問を用意するだけ**でいい。例えば、「今の会社で、私の才能が開花し、夢中になってできる仕事は何か？」と自分に問いかけ、明朝までに答えが得られると暗示をかけて眠る。すると、翌朝には本当にアイデアを思いつくことが多い。

さらに、**夢を覚えておく**といい。夢は一見、関係ないと思えるが、「夢から連想できる、今すぐ役立つ取り組みは何か？」と考えていくと、ふと実行可能なアイデアが思いつくことに驚くはずだ。

【貧す人】は、夢中になれる仕事ばかり探し、なかなか見つからないが、

【稼ぐ人】は、夢中になれる仕事を探すのではなく、**寝ているときの夢を使って、目の前の仕事を夢中になってやる方法を見つける**のだ。

実は、この本の「はじめに」も、ピロークエスチョンでアイデアを出したもの。「読者が一気に、読みたくなる第一文は何か？」という都合のいい質問を、寝る前にしたのだ。そうしたら、「ぶっとばす！」という言葉が、朝、突然、頭の中で鳴り響いて起こされた。

正解を見つけようとするのは難しい。でも、都合のいい質問をするのは、カンタン。やるかやらないかだけで、仕事の進み方に大きな違いが生まれるのだ。

法則
17

社内と顧客を動かす法則

貧す人 どうすれば、**自分の実績**を挙げられるか？

稼ぐ人 どうすれば、**最高の交流を設計**《デザイン》できるか？

ビジネスモデルと聞くと、きれいにまとめられた企画書を思い浮かべる人が多いかもしれない。顧客、商品、チャネル、収益と費用などを整理し、歯車のようにかみ合わせることで、キャッシュを生み出していく概念だ。

そのようなモデルは、既にできあがったビジネスを理解したり、アイデアを整理したりする概念図としてはいいが、企画書通りにビジネスがつくりあげられることは、極めて稀。なぜなら、ビジネスモデルとは、そこに関わる人々の経験を積み上げるプロセスがあって初めて血が通い、動き出すものだからだ。

では、モデルに血を通わせるためのキモは、何か？

ズバリそれは、**社外**（**顧客**）**と社内**（**同僚**）**との情報伝達・交流**だ。

例えば、あなたが顧客からの不満を、社内に伝えたとしよう。すると社内では緊張感が走り、その解消に向かって協力し始める。顧客からの要求を満たすためには、社内で意見の衝突があるが、それを乗り越えたとき、予想外のブレイクスルーを体験することになる。

一方、顧客は、社員が障害を乗り越え、事業が育っていくにつれ、感動する。そして会社の成長を、自分の人生に重ね合わせ、応援するようになっていく。

つまり、社内が協力に向かうプロセスがあるからこそ、あなたは顧客に対して説得力のあるウソのない言葉がつむげるようになり、予想以上の売上を上げられるようになるのだ。

【貧す人】は、自分の意見を強制し、反発され、硬直する。そして、一人だけで経験を積み、履歴書に表面的な実績を作文して、転職していく。

【稼ぐ人】は、**共育《きょういく》し**（ともに育って）、**共感され**、**共動《きょうどう》する**（ともに動く）。

その結果、ビジネスモデルに血を通わせ始める。

具体的には、部署を越えたプロジェクトチームをあえてつくり、短時間でもいいからコミュニケーションを取る。

「**ご意見を伺いたいのですが……**」「**ご相談してもよろしいでしょうか？**」と、多くの社員や顧客から意見を聞き、その意見を尊重する。

そうして「自分が関わっている」「自分の功績や学びになる」と思える人を増やしていく。

このように**社内を動かすプロセスを体験するからこそ、顧客を動かせる**ようになるのだ。

法則
18

感謝されながら売れる購買タイミングの法則

貧す人 いつでも売ろうと頑張る

稼ぐ人 いつ顧客が買うかを見極める

顧客がモノを買うには、タイミングがある。そして、そのタイミングには、2種類ある。

顧客の「**内部環境の変化**」と「**外部環境の変化**」だ。

まず内部環境の変化。これは**購買意欲**と言い換えてもいい。

わかりやすい例を挙げよう。

あなたはホームシアターシステムに興味があり、家電量販店を訪れた。その時点では、興味はあるが、まだ買うとは決めていない。まずは、どれほどの音響効果があるかを確かめてみたいという段階だ。

そこで、映画のデモを聞いたところ衝撃を受け、「これはほしい」と思った。

さて、このタイミングで店員が声をかけてきたらどうか？

「このシステムは部屋の大きさや形状を自動的に読み取り、最適な設定をしてくれるので、どんな部屋でも使えますよ」とか、他にも疑問に思うことを尋ねれば、すべてクリアに答えてくれると、その店員の好感度は爆上がり。

逆に、買う気持ちが盛り上がっていないときに、商品を勧められても、うっとうしいと感じるだけでまず買わない。これが顧客の内部環境の変化だ。

次に外部環境の変化。これは、**制度変更やイベントなど、顧客自身の意志とは関係なくやってくる環境変化**のことで、いいほうに働くこともあれば、悪いほうに働くこともある。

記憶に新しいところでいえば、コロナ禍で、アクリル板の需要が急増したのを覚えているだろう。また、健康増進法の改正により、受動喫煙防止対策が強化されたのをきっかけに、電子タバコをはじめ禁煙グッズの需要が一気に増えた。

このように強制的に何かをしないといけない環境変化が起これば、嫌でも買わざるをえなくなる。

また、**季節要因**もある。一般的に晴れ着は成人式前が一番売れるが、真夏にはなかなか売れない。逆に浴衣は夏にしか売れない。

自分の商品・サービスはいったい「いつ」売れるのか?

【貧す人】は、顧客の購買タイミングを無視して売ろうとして、嫌がられる。

【稼ぐ人】は、**顧客の購買タイミングをうまく捉えて、感謝される**のだ。

法則

19

一発屋で終わらない法則

貧す人
まずは、**そこそこ**の体験を

稼ぐ人
最初から最高の驚きをもたらす、**すごい**体験を

あなたがワクワクしている事業に顧客を招くには、試行錯誤が必要だ。一人の顧客を獲得するには、通常1万〜2万円超の費用がかかる。そこで事業を軌道に乗せるために、「**まず何を提供し、次に何を提供するか**」**という集客モデル**を調整しながら、確立する必要がある。集客モデルは、大きく分けて3つある。

1つ目は、とにかく**無料で試してもらう**こと。無料サンプル、無料お試し、無料モニター、無料ダウンロード、無料説明会など、まずは無料で商品を提供するのだ。

以前は、無料サンプル広告を出すと、見込客からの申込が殺到した。その見込客をフォローしていくと、10〜20％は成約したので、効果的に顧客を獲得できた。

しかし最近では、無料サンプルを配る会社があまりにも多く、見込客自身も、手元にいくつもの会社からサンプルが届き、取り寄せたこと自体忘れてしまう状況だ。

そこで、2つ目を試す必要がある。

本当に売りたいメイン商品につながる低価格商品（フロントエンド商品）を販売。そして、会社に安心してもらった段階で、**メイン商品（バックエンド商品）**を買ってもらう。こうなると、申込数は少なくなるものの、売上により広告費の一部が回収でき、ひやかし客も少なくなるので、早期に優良顧客へと引き上げられる。

3つ目は、**メイン商品を売る**という正攻法だ。自動車、住宅・不動産、冠婚葬祭などの単価が高く、リピートが少ない業種は粗利が十分にあるので、いきなりメイン商品を販売できる。

また、ブランドを確立した商品や成長期にある商品は、黙っていても顧客のほうから商品を見つけてくれるので、いきなり売りたい商品から売っても顧客が集まる。

どれが効果的かは、商品や価格によって異なるが、収益に直結するので、この実験プロセスを省略すべきではない。だが、どの場合でも重要な原則は、**最高のものを、妥協せずに届けること**。今はあまりにも変化のスピードが速いので、顧客が驚き感動して、まわりに話さざるをえないものを提供しないと、すぐに忘れ去られてしまうからだ。

【貧す人】は、出し惜しみし、無料だからと、そこそこのものを提供する。

【稼ぐ人】は、**妥協せず、無料であっても最初から最高の驚きを提供する**のだ。

法則
20

価格は人格の法則

貧す人 ビビって安い価格を提示する

稼ぐ人 歯を食いしばって高い価格を提示する

「社長の運命は価格で決まる！」

社長でない人は、「会社の運命は価格で決まる！」と言い直すといい。

価格は「格（かく）」に「価（あたい）する」と書く。だから、価格とは、あなたの「格（かく）」を決める「価（あたい）」なのだ。

値段を安くすれば、あなたの「格」は下がる。

値段を高くすれば、あなたの「格」は上がる。

だから、価格を上げることをお勧めする。

【貧す人】は、価格を上げるとビビる。そして、「自分はそんなに高く売りたいわけではない」と努力しなくなり、「まあ、このぐらいでいいんじゃないか」と妥協する。

【稼ぐ人】は、価格を高くすることで、「この価格で売るからには、細部に神経を配り、確実にお客様に満足していただかないと申し訳ない」と思うようになる。

それが、会社の実力、品質向上につながっていく。

あえて少し背伸びした価格にすることで、顧客も購入するには、ある程度、背伸びをしなくてはならない。

そうやって互いに伸びていく関係が成長企業にとって重要なのだ。

また、価格を上げることで、品質や顧客に対してこれまで以上にケアするようになると、社内のメンバーの成長にもつながるのだ。

もう1つ覚えておくといいのが、「おいくらですか?」と聞かれたときの対応だ。

FAQで伝える方法もあるが、逆に次のように尋ねてみよう。

「**お客様が何を求めていらっしゃるかによって違います。状況によって違いますので、いくつか質問させていただいても、よろしいでしょうか?**」

顧客は常に安いものを探す傾向があると思われがち。だが、価格を下げようとばかりしていると、顧客は結果的に何も得られないことが多い。

価格はあくまでも入口。価格をきっかけに、商品自体や自分の目指すものを深く知ることで、必要となる品質や作業量がわかってくる。すると、求める未来がつかめるのだ。

価格を上げるのは勇気がいるが、歯を食いしばって、価格を上げよう。

法則
21

粗利8割の法則

貧す人

みんなのために、**赤字**でも頑張っているんです

稼ぐ人

みんなのために、**黒字**にするよう頑張るんです

プロジェクトを成功させるには、なんとしても利益を生み出す必要がある。「お金のためにやっているわけじゃない」とお金を卑《いや》しいものと捉えたり、「私たちも赤字で頑張っているんです」と赤字を自慢したりする人もいるが、これでは【貧す人】に一直線。

お金とは、事業を成り立たせるための血液だ。だから「お金のために仕事しているわけじゃない」とは、「血液のために、生きているわけじゃない」と言うようなもの。

大切なのは、**どうすれば健康な血液（お金）を身体（事業）にめぐらせられるか**。そのために必要なのが、「**粗利8割の法則**」だ。

今や粗利が8割ない商品を扱うのは、よほど潤沢な資金がないと難しい。

なぜなら、現在、顧客獲得コストは、安くても一人当たり5000円程度。通常、1万〜2万円以上はかかる。いかにインターネットが発達して顧客を獲得しやすくなったとは

いえ、これくらいはかかるものだ。

化粧品や健康食品のようなリピート性の高い商品でも、最低半年経たなければ、当初の広告宣伝費を回収できない。そこで回収期間を短くするには、なるべく最初から粗利が高く設定できる商品・サービスを売らなければならない。

とにかく**持ち出しのお金より、入ってくるお金が多くなるようにする**。100円でもいいから、とにかく利益を上げる。**いかにして粗利を確保していくかは、全ビジネスパーソンに必要な極めて重要な事業センス**だ。

「神田さん、粗利8割なんて、そんなうまい商品はありません……」と言うかもしれない。

だが、【稼ぐ人】は、「粗利8割にするには、どうすればいいか?」を考え、**商品・サービスが顧客に提供する価値を引き上げてから売る**ようにする。【貧す人】は、価値を引き上げずに赤字でも売る。【稼ぐ人】の方法は、意外にカンタンだ。

単品で商品を販売するのではなく、関連商品を含めたパッケージ商品にする。

例えば、コンサルティングやカウンセリング・サービスを販売する。チケット制にする。会員制にする。定期購入プランをお勧めする。安心保証をつけて、保険収入で利益を出すなど。

考える努力を惜しまず、目標だけでも、とにかく粗利8割を目指してほしい。

法則 22

商品価値より体験価値の法則

貧す人 稼げる商品はない？

稼ぐ人 驚ける体験はない？

これから【稼ぐ人】が検討・提案しなければならないのは、**継続収入をもたらすビジネス**だ。

具体的には、毎月使用料が入るアプリやゲーム、定期的に商品を届ける定期宅配や定期購読、特別なサービスを提供するためのプレミアム会費、定期メンテナンス契約、クレジット機能つきカード、保険サービスなどだ。

一度、顧客を獲得しても、継続的に売上が上がる商品を提供しなければ、安定したビジネスを築くのは難しい時代になった。

理由は、カンタン。あまりにも変化のスピードが速いからだ。

これまでは顧客を育てるという概念があった。あなたの会社の商品に興味がある見込客が広告で資料を請求後、じっくり検討し、商品を購入。売り手と買い手が商品を通じてきちんとコミュニケーションしながら、長いつき合いをするお得意様に発展していくことで、ビジネスは安定した。

しかし、現在は育てている間に、見込客は他社の広告をクリックし、いくつものサンプルを同時に体験。今使っている商品が、いったいどこから取り寄せたのかわからなくなるほど情報と商品はあふれ返っている。

今までは、新規顧客獲得コストは、既存客からリピート受注するコストの約6倍という目安があったが、そのコスト差は広がる一方だ。それに加え、現在取引していない顧客（流出客）に再び戻ってもらうコストは、新たに広告して獲得できる新規顧客のコストの約2・5倍にもなるのだ。

あまりにも情報量が多いので、顧客の記憶に残る会社はほんの一握り。そのためには、**顧客と接触する最初のタイミングから最高の驚きを提供し、そのタイミングで継続して利用できるサービスに契約してもらわなければならない**。

【貧す人】は、「何か儲かるビジネスはない？」「何か稼げる商品はない？」と儲かるものを探す。

【稼ぐ人】は、「顧客に提供できる、最高の体験は何？」と考える。

その答えを見出したとき、**ビジネスは単発から継続的な関係性へとシフト**するのだ。

法則
23

効率よく成果を出す二人組の法則

貧す人 成果を上げるために、一人で頑張ろう

稼ぐ人 成果を上げるために、二人で取り組もう

創造的な仕事は、一人でやるよりも、二人でやったほうが飛躍的に早く、質のいい仕事ができる。

これは、私があるアメリカの雑誌を読んでいたときに気づいたこと。そこには、システム開発会社でパソコンを二人に一台しか与えないようにし、二人組で仕事をするようにした話があった。一人は座ってプログラミングをする。もう一人は、後ろに立って画面を見ながら背中越しにバグを指摘し、アドバイスをしたり、なぜそうなったのかを質問したりする。そうやって話をしながら進めていくのだ。

そして、1時間ほど集中して作業をしたら休憩を取る。休憩が終わったら、今度は交代して、立っていた人が座り、座っていた人が立つようにした。

その結果、その日から残業が消えたというのだ。

そこで詳しく調べたところ、一冊の本を見つけた。それが、『Powers of Two――How Relationships Drive Creativity』（Joshua Wolf Shenk著、Mariner Books）だ。そこに書かれていたのが、次の言葉だ。

「これ以上、分けることができない人間の最小ユニットは、1人ではなく、2人だ。1人だと思うのは、フィクションでしかない」（Tony Kushner：ピューリッツァー賞受賞・作家）

すべてのクリエイティブな仕事には、必ず二人の人が関わっていた。例えば、ジョン・レノンとポール・マッカートニーのように。

ＡＩが対応できる仕事が増えてきたことで、人はよりクリエイティブな仕事が求められるようになったが、一人でやっていると、行き詰まることも多い。そんなときに二人組が問題を解消してくれるのだ。

このエピソードを講演会で話したところ、一人の女性がやってきて、こう教えてくれた。「神田さん、〝二人組の法則〟は福井大学から始まったんです」と。福井大学の看護師がペアワークを取り入れた。看護師の仕事はストレスが多く離職率も高いという悩みがあるが、ペアワークを導入したところ、ストレスが減り、残業が減り、欠勤が減ったという。

【貧す人】は、一人で頑張り続けるが、**【稼ぐ人】**は、**決して一人で頑張らないのだ。**

法則
24

想定外の顧客の法則

貧す人 想定外は無視しよう

稼ぐ人 想定外を重視しよう

自分が想定していなかったお客様が突然、現れた……！

そんなとき、【貧す人】は、想定外の出来事を無視するが、【稼ぐ人】は、想定外の顧客に目を光らせる。なぜなら、その人物は、**新しいマーケットという幸福をもたらすキーパーソン**であることが多いからだ。

『折り梅』（松井久子監督・２００１年）という映画をご存じだろうか。アルツハイマー型認知症の母親をめぐる、家族の葛藤のストーリーだ。この映画、地味なテーマのせいもあり、実は映画関係者を集めた試写会では、観客の反応はあまりよくなかったという。

ところが、その試写会に、一般の主婦が混じっていた。自身もアルツハイマーの身内を抱え、介護で悩んでいたという。映画が終わり、映画関係者が帰ろうと席を立ったとき、この主婦は涙を流しながら、訴えた。「こんなすばらしい映画は観たことがない」と。

この主婦の反応がきっかけとなり、『折り梅』は全国配給が決定。その後、口コミで観客を集め続け、100万人を動員するに至った。

顧客の中の「想定外の一人」が、ムーブメントをつくるきっかけとなる……。

これはビジネスではよくあることだ。

私が「マインドマップ」（記憶と情報整理のためのノート術）の日本での普及に携わったときもそうだった。

当初、駐日英国大使館と組んで、マインドマップ開発者のトニー・ブザン氏（1942～2019）の来日レセプションを企画した。招待者は、教育に熱心な上場企業経営者100人だったが、ダイレクトメールの案内に反応してきた人の中には、育児中の派遣社員がいた。ダイレクトメールを捨てようと思って目を通していたら感動し、これはぜひ社長に渡さなければならないと奔走。さらに「自分も参加させてくれ」と言ってきたのだ。

日本の子どもたちにマインドマップを使ってもらいたいという私の想いは、間違っていないと直感した。事実、その後、マインドマップは小学校から大学まで、多くの先生たちにサポートされつつ、中国でも大人気になるなど、大きなムーブメントとなった。

「異質なものは、ないか？」「普段ここにいない人は、いないか？」

想定外のものや顧客が現れたときこそ、【稼ぐ人】は、そこに目を向けるのだ。

法則
25
自動的に協力者が増え続ける5・5・10の法則

貧す人 **まず提案書をつくって**、営業活動しよう

稼ぐ人 **提案書をつくる前に**、5人に聞いてみよう

投資家がうなずく提案の極意が、「5－5－10の法則」だ。

これは数字の通り、3つのステップから成っている。

ステップ1　ビジネスのイメージが湧いたら、いきなり提案書をつくって提出してはいけない。まず**紙を持たずに身近な5人の人の意見を聞く**のだ。

「こんなことを考えているのだが、どうかなあ」

すると、いろいろと否定的な意見がいっぱい出てくる。これが重要だ。

「そうか……」と、そこで一生懸命考え、吟味する。

ステップ2　この段階でも、資料はきれいなものは不要。手書きでいい。紙ナプキンの裏に書かれたぐらいのものでいいのだ。それを持っていく。

そして、**別の5人に、その手書きメモを見せ、改めて意見を聞いて、提案を改善**する。

そのときには、もう既に絵になっているので、細かな具体的な質問が出てくることが期待できる。

ステップ3 だんだん自分の中でも固まってきたら、今度は10人の人に見せられるよう、スライドなどの資料をつくって持っていく。

しかし、ここでも重要なポイントがある。**全部を完成させない**ことだ。

この資料を、プロジェクトになったら協力してくれそうな人に持っていき、「これが実現するためには、どんな条件をクリアする必要があるだろうか？」と聞いてみる。

すると、この間に20人の応援者が増えていることになる。

【貧す人】は、最初に提案書をつくり、否定的な意見を聞くと意気消沈する。

【稼ぐ人】は、**提案書をつくり込むのではなく、人を巻き込みながら、その過程で自分自身の思考も煮詰め、カタチにしていくのだ。**

それと同時に、協力者も固まっていく。

そして、最初に聞くときに覚えておくといいのが次のフレーズだ。

「1つご相談したいことがありまして……」

「1つご意見をいただきたいのですが、よろしいでしょうか？」

そうやって、自動的に協力者を増やしながら、提案を練りあげよう。

法則
26

勝手に許可の法則

貧す人 なぜ会社は、許可しないのか？

稼ぐ人 なぜ自分は、許可しないのか？

顧客の声に深く耳を傾けていたら、新しいアイデアを思いついた。「実現したらすごいのに、なんで誰もやらないんだろう」と、あなたは疑問に思うかもしれない。

だが、そのアイデア実現にワクワクしている人は「あなた」なのだから、**躊躇《ちゅうちょ》せず手を挙げ、実現を推進する側に回ろう**。

大事なことは、**できるだけ早く、小さなカタチにしてみる**ことだ。

大里綜合管理株式会社（千葉県大網白里市）というすごい不動産会社がある。ここでは300を超える地域貢献プロジェクトを実行している。例えば、渋滞しがちな道路の交通整理、街灯のまわりの植栽、クリスマス時期の駅前イルミネーション設置など。社員一人ひとりが、地域のためにできることを気づいたら、それを即、実行している。2015年11月に、『カンブリア宮殿』（テレビ東京系）でも特集された。

同社に聞いたところ、実行していく上で重要なポイントは、**許可を求めずに、小さく始めること**だという。例えば、「街灯のまわりに花を植えていいですか」と行政に許可を取ろうとすると、すぐに許可は下りない。しかし地域住民のためになると考えたら、許可を求めずに実行する（もちろん、法的に問題ない範囲内で）。

すると、「誰が、こんなところに花を植えたんだ」と、取り除かれることもある。普通なら諦めてしまうが、この会社は「また植えればいいじゃない」と再び植えにいく。

そして再度、花が取り除かれると、今度は地域住民から「せっかくきれいだったのに……」と、逆に文句が出るようになってくる。結果として、花を植えることは既成事実として、まわりに応援されるようになったというのだ。これは地域貢献プロジェクトに限らない。会社でも同じだ。

「ラフのチラシを書いてみたのですが……」「カンタンな紹介映像をつくってみたのですが……」「カンタンな試作品を組み立てたのですが……」と、**アイデアをカタチにしてみる。それをまわりに見せながら、フィードバックを得て改善していく。**

【貧す人】は、まわりに許可を求めるが、

【稼ぐ人】は、許可を得なくても自分でできる範囲で、小さなカタチにしてみせるのだ。

何も動かないことで失われるのは、経験だけではなく、あなたの純粋さだ。

法則
27

AIを使いこなす法則

貧す人 AIは、ピッタリの**答え**がなかなか出てこない

稼ぐ人 AIは、ピンとくる**ヒント**がすぐ出てくる

2022年に登場したChatGPTをはじめとした生成AIは急速に普及したが、うまく活用できている人と、できていない人がいる。

使いこなせていない人に共通するのは、AIに問いかければ、適切な「答え」が返ってくると思っている点だ。

例えば、英単語の意味を調べるようなケース、つまり答えが確実に出てくるときには、ほとんどのケースでAIは適切な答えを返してくる。

もし、適切な答えが得られないとしたら、問いかけ自体に何か問題があるのかもしれない。

問題となるのは、答えが存在しないケースだ。アイデアを創出するケースがこれに当たる。

専門家によると、今のＡＩは、「間違わないように」アウトプットする傾向があるという。だから、最初からピンポイントに絞り込んだアウトプットはせずに、広めの回答を提示しながら、対話を通じてその回答を徐々に絞り込んでいくのだ。

ＡＩに問いかけ、一発で正解を得ようとするのは、よほどシャープな問いかけをしない限り無理。

【貧す人】は、一発で正解が出ないとすぐ諦めるが、

【稼ぐ人】は、**ＡＩのアウトプットはあくまでも「ヒント」として捉え、それをきっかけに、さらに具体化し、最終的に「答え」は自分で出すというスタンスを持っている。**

例えば、「○○という特徴がある、△△という商品がある。この商品の顧客ターゲットはどのような人が考えられるか、５つ出して」とＡＩに問いかけてみる。

すると、５つの可能性をＡＩは提示する。その中から自分が気になる顧客像を選び、さらに具体的な職種を尋ねると、イメージにピッタリの顧客像が描ける可能性がある。

あるいは、ＡＩが５つの候補を出したら、なぜそれらが最適なのかを、再度問いかけてみる。すると、どんな視点で選んだのかがわかるので、別の視点でさらに候補を出してもらうこともできる。

【稼ぐ人】は、こうやってＡＩを使いこなしているのだ。

法則 28

2割8割の法則

貧す人
成果を出すためには、**完璧**にやらなければ

稼ぐ人
成果を出すためには、**重要な2割**をやらなければ

【貧す人】は、思ったことの半分も達成できない。その原因は、はっきりしている。それは「完璧主義」。完璧主義を貫くから、目標の半分くらいしか達成できないのだ。だから、まずは、**完璧主義を手放す**。それができないと、継続して成果が上がらず、達成感が得られない。

では、「完璧主義」をやめるにはどうしたらいいか?

「2割8割」で考え、2割の重要なポイントにフォーカスする。すると8割の結果が得られる。

これが「**2割8割の法則**」。2割の重要なことにフォーカスし、8割の結果が出たら、次に行けばいい。最初から最後まで完璧主義を貫こうとすると、今の変化の激しい時代はなかなか前に進めない。

それより自分が理解している2割だけをやり、あとの8割は他人に教えて手伝ってもらう。**やり抜く喜びを、自分一人で独占するのではなく、まわりと分かち合う**。これが重要だ。

そして、もう1つ重要なポイントがある。**「褒美」と「罰則」**だ。

やり抜くためには、やり抜いたときのご褒美が大切。

「終わったらパーッと一杯やる」「ほしかったジーンズを買っちゃおう」などでいい。

ご褒美は確実なインセンティブとなり、大きなやる気につながってくる。

ところが、これだけだと、はじめにご褒美を買ってしまう人が出てくる。

「これは、これから頑張るためのご褒美だ」となってしまうと本末転倒だ。

だから、ご褒美だけではダメで、「罰則」が必要。自分を罰することも考えてみよう。

「できなければ腕立て伏せ100回」でもいい。自分なりの罰則を設けると、一生懸命やるようになる。

このように**褒美と罰則、アクセルとブレーキをうまく使い分けると、やり抜く喜びを常に感じられるようになる**。

【貧す人】は、ムダな8割に集中し、重要な2割を捨てる。

【稼ぐ人】は、**重要な2割に集中し、ムダな8割は捨てる**。

そうやって、やり抜いた結果、8割の人に喜ばれるのだ。

法則
29

ＰＭＭの法則

貧す人 **自分が、商品を売って、儲かりたい、と考える**

稼ぐ人 **顧客が、商品を買って、どう変化するか？　と考える**

ステージ1の仕上げとなるのが「**ＰＭＭ**」だ。ＰＭＭとは、Product Market Matching の略。**売り手が提供する価値と、買い手のニーズをピッタリ合わせる**ことだ。売れない商品・サービスに共通するのはＰＭＭができていないことだ。

マーケティングに詳しい人は、ＰＭＦ（Product Market Fit）のことでは？　と思ったかもしれない。基本的にＰＭＦと考え方は同じ。だが、プロダクト（商品＝売り手が提供する価値）とマーケット（顧客のニーズ）をどうしたらフィットさせられるか？　それがわからないとフィットさせようがなく、ただの概念だけになり、現場では使えない。

そこで、ＰＭＭはこの2つをマッチさせられるよう、次のように定義した。

「誰が」・「何をして」・「どうなった？」

「誰が」は、「**どのような顧客が**」ということ。このステージの最初に解説した「5つの質問」の**質問2**「頭を下げて売ってくれと頼むのはどんな顧客か」(P32)に該当する。

次の「何をして」は、「5つの質問」の**質問1**「**ズバリどんな商品か**」(P31)に当たる。

最後の「どうなった?」は、法則06「顧客を魅了するベネフィットの法則」で出てきた**ベネフィット**だ。それを買ったら、どんないいことがあるのか、どんな変化が期待できるのかを表現する。この3つをまとめて表すのが、PMMの「誰が」・「何をして」・「どうなった?」だ。例を挙げてみよう。

誰が:愛犬のストレスからドッグサロンに連れていけないと悩む40~50代の女性が、

何をして:出張ドッグサロンチェーン国内No.1「ワンちゃん出張シャンプー」を利用。

どうなった?:愛犬がストレスなくシャンプーできるようになった。その結果、愛犬も飼い主も、心理的にも身体的にも健康にすごせるようになった。

これが、「**何を言うか?**」**の本質**だ。ここまで解説したステージ1で、「何を言うか」のコンセプトが明確になっていないと、ステージ2の「応援者を集めるメッセージをつくる」段階でうまくいかなくなる。

【**貧す人**】は、自分が儲かりたい一心でビジネスモデルをつくろうとする。

【**稼ぐ人**】は、**顧客視点に立ち、顧客に役立つことを主体にビジネスモデルを組み立てる**のだ。

ステージ

2

応援者を集めるメッセージをつくる

「PESONAの法則」とは？

ステージ1で見たように、「5つの質問」（P30）を実践すると、商品、顧客、自社を深く理解できるようになる。すると、他社とは異なる、自社ならではの提案要素、つまり「**誰**」（WHO）に、「**何**」（WHAT）を言うか、が一気に浮かび上がる。

そして次は、その要素を、どんな「**順番**」（WHEN）で顧客に伝えるかが重要となる。

今から25年以上前、私は連日、クライアントの広告やダイレクトメールを添削していたら、爆発的にヒットする文章が現れ始めた。そのヒットした文章には**ある共通点**があった。

それをパターン化し、年代とともにアップデートしたのが「**PESONA《ペソナ》の法則**」だ。

これを実際に使ったところ、ドッカーン！　「顧客からの反応が激増した」という声が次から次へと入り始めた。「パターン化した法則」を渡すだけで、私が添削しなくても、売上が上がり始めたのだ。

「PESONA」とは、次の要素の頭文字だ。

Problem（問題）
Empathy（共感）
Solution（解決策）
Offer（提案）
Narrow（適合）
Action（行動）

まず、「顧客の抱えている**問題**」を提示し、問題を抱える顧客に「**共感**」する。

その上で「**解決策**」＝自分が売ろうとしている商品・サービスの内容を語り、販売条件などを具体的に「**提案**」し、自分の価値観にピッタリの顧客を絞り込んで「**適合**」させ、最後に「**行動**」（商品・サービスの購入あるいは問合せなど）を呼びかけるのだ。


長年の研究の結果、これこそ顧客の購買意欲を喚起する最適の順番だと気づいた。

実は、この法則を開発してから25年以上経った今でも、顧客や読者から感謝のレターが届く。それだけ時代に左右されない、不変・普遍のノウハウなのだ。

実践！「PESONAの法則」【魔法のリンゴ編】

ステージ1のリンゴの例を、「5つの質問」によって抽出された事項をベースに、「PESONAの法則」に従って文章にすると次のようになる。

魔法のリンゴ

家族を愛するリンゴ農園から、
家族を愛するあなたへの、一生の贈り物。
↓ 質問2（P32）で導かれた、対象となる顧客へ呼びかけ

リンゴをほおばる子どもの笑顔。
思い描いただけで、心豊かになる光景ですよね。

でも残念なことに、今……、

子どもたちが夢中になるのは、おみやげにいただいた、信州限定リンゴ味のチューインガムや、棒つきリンゴキャンディ。

自然本来のおいしさを大切に味わえる子どもたち。
その一方で、工場でつくられたジャンクフードしか知らない子どもたち。

彼らのカラダと健康は、思春期を迎えるときまでに、どれほどの違いが生じてしまうのでしょうか。

↓ここまで、**問題**「P」

この大きな違いをつくるのは、子どものときのほんのちょっとの、小さな出来事なのかもしれません。

あなたには、こんな思い出はありませんか？
子どもの頃、田舎から送られてきた、箱いっぱいのリンゴ……。
箱を開けたとたん、さわやかな香りがしてきました。

中には葉っぱがついたままの、まさに「採れたて」のものも！

↓ここまで、質問4（P37）をベースにした**共感**「E」

こんな自然本来のおいしさを、子ども時代に体験させてあげたい……。
そんな想いで、ぜひあなたにお勧めしたいのが、長野県佐久高原、
土と水にこだわる専門家・山田晴夫さん一家が、丹精込めてつくったリンゴです。

メダカが泳ぐほど澄んだ小川の近くの樹になった
豊かな土の栄養をぎっしりと詰め込んだ山田農園のリンゴは、
「魔法のリンゴ」と呼ばれています。

↓ここで、質問1（P31）をベースにした**解決策**「S」を提示

芯まで蜜が詰まった実を切り分けると、
それぞれ散らばっていた家族が、一斉に食卓に集まります。
そして一切れを口に含んだとたん、
昔ながらの美しい自然が、目の前にわぁっと広がり、

家族団らんが始まります。

「誕生日に贈って、母から感謝された」

「焼きリンゴ、アップルパイ、何にしても……家族に喜ばれます」

「今度、この農園のリンゴ狩りに行ってみたいねと、家族旅行の話になりました」

など、お客様からも大変好評をいただいております。

あの5つ星、一流ホテルご指定のリンゴジュース、また国際パティシエ大会金賞受賞のアップルパイに使用されているリンゴは、山田農園のものなのです。

↓**質問5**（P41）から導き出された**〝圧倒的な証拠〟で、解決策「S」を裏づけ**

ぜひ、この魔法のリンゴをご賞味ください。

一度食べたら忘れられない、究極のおいしさを

あなた、そしてご家族に、お届けします。

中学生までのお子さまがいらっしゃったら、お教えください。

この機会にリンゴ好きファミリーになっていただきたく、今回、初回ご注文いただきま

すと、一流ホテル特製・無添加リンゴジュース３本を特別にプレゼント。

↓ここまで、**提案**「O」

10月下旬が、最高の食べ頃になります。ホテルやレストランへの出荷と重なるため、個人様向け販売は、限定５００箱となります。数量が限られますので、

↓ここまで、**適合**「N」

今すぐお申込みください。

↓ここまで、**行動**「A」

といった具合だ。

次のような一般的にリンゴを販売するときの文章と比較してほしい。

「国光《こっこう》」と「デリシャス」を交配し育成された品種で、１９６２年に品種登録されて以来、日本で最もたくさんつくられるようになったリンゴです。バランスの良い酸味と、シャリシャリとした食感が絶妙です。

さて、あなたなら、どちらに「共感」を覚え、どちらの会社から買うだろうか？

売るための思考トレーニングである「５つの質問」や「ＰＥＳＯＮＡの法則」を体験する前は、「リンゴなんて、どうやっても、売り方に大した差が生じるはずはない」と思っていたかもしれない。

しかし、考えを一段深めていくと、**自分自身の体験をベースとした、他社にはマネできない独自の売り方**が見出される。

結果、何の変哲もない、１つのリンゴから、新しい世界が繰り広げられていくのだ。

ぜひあなたも**思考を深め、自分ならではの才能を活かした、新しい世界の構築にチャレンジしてほしい。**

法則
30

サルマネ回避の法則

貧す人 いいノウハウは、**早速実践**しよう

稼ぐ人 いいノウハウは、**自分の顧客に応じてアレンジ**しよう

マーケティングは仮説・検証の連続だ。こういうアプローチをしたら、こうなるんじゃないかと仮説を立て、テストしてみる。その成否を常に検証していくのだ。

例えば、広告文は縦書きにすべきか、横書きにすべきか。ある人はテストの結果、縦書きが良かったので、「縦書きのほうが横書きより反応が良かった」とSNSで発信した。

それを目にしたあなたも広告文を縦書きにしてみたが、逆に反応が悪くなってしまったとしよう。

テストした人には仮説がある。「競合の広告が全部横書きなので、縦書きにすると目立つはず」「縦書きのほうがスマホの縦長画面にマッチするので、スクロールしなくても読めるから反応がいいのでは？」などだ。

その**施策がうまくいくには、背景がある。**その**背景が違う場合に、同じことをやっても、**

同じ結果は得られない。

これをやったらうまくいったと聞くと、やってみたくなるもの。それはそれで問題ない。いい情報を聞いても、なんだかんだと文句をつけ、何もやらないのがサイテー。だから、言われた通り、聞いた通り、素直にスッと行動できるのは、いいことなのだ。

でも、効率よく結果に結びつけていくには、**その施策がうまくいった背景が何かを考え、自分の顧客に対して同じ背景が当てはまるのかを考え、必要に応じてアレンジして使う。**

【貧す人】は、サルマネをしてドツボにハマるが、

【稼ぐ人】は、こうやってサルマネを回避しながら効率よく稼ぐ。

少し前の事例だが、「チラシの色は何色がいいか?」論争があった。黄色が良かったと聞けば黄色にして、ピンクが良かったと聞けばピンクにという具合だ。

ここでの狙いは「他よりも目立つこと」。だから、ピンクのチラシが多いところに、ピンクのチラシを入れても目立たないのは当然。

もう1つ見落としてはいけないのは、「**一貫性**」だ。離婚調停を得意とする弁護士が、いくら目立つからといってピンクに丸文字の広告を出していたら、イメージに一貫性がなく、顧客からの信頼は得られないだろう。**小手先の戦術だけをマネするのではなく、その戦術にある狙いや背景を理解した上で、取り入れよう。**

法則
31

文章＝感情伝達の法則

貧す人　どんな情報をわかってもらうのか？

稼ぐ人　どんな感情を持ってもらうのか？

あなたの文章を、突然、名文にする方法がある。カンタンだが、非常に強力だ。

実は、ほとんどの人が文章を書く前提を**勘違い**している。その結果、一生懸命つくったレターが誰の目に留められることなく、即ゴミ箱行きとなっている。

「文章は簡潔に。必要な情報を、正確に伝える」

これが良い文章だと思うなら、あなたに最適な職場は「お役所」だ。正確性が命なので、高く評価されるだろうが、残念ながら誰の気持ちも動かさない。

もし、あなたが稼げる文章を書きたいなら、次の一行を忘れないよう、しっかりメモしてほしい。

「**文章は情報を伝えるのではない。〝感情〟を伝えるために書くのだ**」

では、どうすれば、感情が伝えられるのか？

ここで、商品説明会にくる顧客向けに、地図を案内する文章を一緒に考えてみたい。

【貧す人】は、情報だけを伝える。文章の見出しは、「会社へのアクセス」。本文には交通機関の説明もある。簡潔にまとまってはいるが、説明会への期待も会社への好感も抱かない。

【稼ぐ人】は、**読み手が文章を読み終わった後に、どんな感情を抱いてほしいかから逆算して考える。**

「この会社は顧客を大切にしている会社だなぁ」「気配りがすばらしいなぁ」という感想を抱いてほしいなら、次のような文章が考えられる。

あなたとの出会いを、笑顔でお待ちしております。

会社へのアクセスは、とっても簡単。表参道駅から徒歩1分。

洋館のような白いビルを目指してきてください。（この後、地図を掲載）

追伸、会社の真向かいにあるカフェのチョコレートパイ、絶品です。

そう、あたかも、久しぶりに会う親友に手紙を出すかのような気持ちで書くのだ。

「**文章を書くことによって、どんな〝感情〟を伝えたいのか？**」

この自分への問いかけに答えた後に文章を書くと、まったく違った言葉が浮かび始める。

言葉には、あなたの感情を充電できるのだ。

法則 32

顧客に刺さる目線の法則

貧す人 自分の言いたいことを言おう

稼ぐ人 顧客の知りたいことを言おう

【貧す人】は、普段の会話でも、自分のことばかりしゃべっている。だが、その自覚症状がない。本人は気持ちいいだろうが、聞いているほうはうんざりだ。

既にあなたの頭の中に「あの人」の顔が思い浮かんで、苦笑いしているかもしれない。

自分のことを話すのは気持ちがいいので、自慢話でなくてもつい無自覚にやってしまうことがある。

日頃から「嫌だなぁ」と思っている人でも、セールスの文章を書くと、とたんに同じことをしてしまう人が実に多い。

「自分の商品・サービスはこんなところがすごいんです。こんないいことがあるんです」とまくし立ててしまう。

はっきり言おう。誰もあなたの話に興味はない。

興味があるのは、顧客自身にとって何かいいことがあるか？　だけ。

この**自分＝書き手視点のメッセージ**を「**Ｍｅメッセージ**」という。

逆に**相手（顧客）＝読み手中心のメッセージ**を「**Ｙｏｕメッセージ**」という。

セールスで重要なのは、**顧客が知りたいことにフォーカスして書く**こと。

具体的には、次の「**６つのどんな**」に着目しよう。

■**ズバリどんな商品・サービスなのか？**
■**どんな人に役立つのか？**
■**それを買うと、どんないいことがあるのか？**
■**他のものと、どんなところが違うのか？**
■**それが機能するといえる、どんな証拠があるのか？**
■**どんな人が売っているのか？**

勘のいい人はわかったかもしれない。

そう、ステージ１で触れた「５つの質問」とほぼ同じなのだ。

【貧す人】は、顧客の知りたいことではなく、自社のことばかりアピールし続けるが、【稼ぐ人】は、右の６つをわかりやすく書くことで、**顧客の知りたいことに答えている**のだ。

法則

33

クレームをチャンスに変える法則

貧す人 クレームは、**信頼喪失のピンチ**だ

稼ぐ人 クレームは、**信頼獲得のチャンス**だ

「クレームは信頼獲得のチャンス」とは、よく聞くフレーズ。確かにその通りだが、実際直面すると嫌なものだ。特に相手が怒り心頭のときは、できれば近寄りたくないのが本音。

ただ、気持ちはわかるが、そこでひるんでいてはいつまでも【貧す人】のまま。ビジネスで成長していく過程では、必ずこのような攻撃を受けるものだ。

こんなとき、【稼ぐ人】は、**きちんと防御、受け身ができる言葉で対処**する。

絶対暗記しておくべき、クレームを信頼に変える表現をお伝えしよう。

「**＊＊様から直接のご連絡とは、よほど＊＊なことがあったのですね**」

例えば、「社長の田中様から直接のご連絡とは、よほどご迷惑をおかけすることがあったのですね。少し情報をいただいてもよろしいでしょうか」

これは、相手を落ち着かせるのに実に効果的だ。

相手が怒っているとき、理由もわからず「すみません」と言ってしまうと、「謝ればいいってもんじゃないんだよ！」と火に油を注いでしまう。あらかじめこういう対処法を知りつつ準備しておかないと、いざというときにうまく対応できない。

これに加え、**相手が話すペース、息づかいに合わせる**ことも重要だ。これはペーシングと呼ばれるテクニックだが、これにより相手は自分を理解してくれていると感じる。

以前のクレームは商品の機能に関するものが多かった。だが最近は、承認欲求が強くなってきたからか、「自分が大切にされているかどうか」に関するものが多くなってきた。だから、**自分が大切にされていないというメッセージを無意識にでも与えてしまうと、とても危険**なのだ。

もう1つ。クレームを解決に導く、とっておきのフレーズがある。それが、

「**どのようになればご満足されますか？**」

このフレーズで、相手の意向を確認すれば、解決への道筋になる。

同時に、怒り心頭だった相手も冷静さを取り戻すだろう。

【貧す人】は、常にクレームにおびえているが、

【稼ぐ人】は、**常にクレームをチャンスに変える思考**を持っているのだ。

法則
34

1コピー1アイデアの法則

貧す人 言いたいことは、**全部**言おう

稼ぐ人 言いたいことは、**1つ**に絞ろう

【稼ぐ人】のプレゼンは、みんなから「わかりやすい」と絶賛される。

【貧す人】のプレゼンは、みんなから「正直、何が言いたいのかわからない」と言われる。面と向かって言われなくても、プレゼン終了時の相手の反応（「?」だらけの表情）を見ていると一目瞭然。これは話す場合だけでなく、書く場合も同じだ。内容そのものより、最初から興味が起こらないケースが多い。

なぜ、そうなるのか？

理由はカンタン。自分に関係ない話題だからだ。正確に言うと、「**自分に関係ないと感じられる**」**話題**なのだ。

これは男性向け商品を女性に説明するときなど、そもそも自分に関係ない、自分には役に立たないというケースが多い。

この場合、有効なのは、**顧客目線で語る方法**だ。

顧客にとってどんな役に立つのか？　あるいは、顧客が気づいていない深層心理に眠っている悩みに気づきを促すことができれば、一見関係なさそうな話題でも、惹きつけることができる。

そのために必要なのが、「**言いたいことを1つに絞る**」こと。

言いたいことを、あれもこれも詰め込んで、順番もテキトーに、言いたいことだけを言ってみたところで、何ひとつ伝わらないのは当然。

まずは、ソッコー性のある秘訣として、言いたいことを1つに絞ってみる。自分はこれだけは伝えたいとテーマが絞れていれば、あなた自身も迷わない。

たくさん詰め込む人は、そもそも自分が何を伝えたいのかわかっていない。

自分もわかっていないことは、相手に伝わるはずがない。

このステージで紹介している「PESONAの法則」を使えば、スムーズに伝わるようになるものの、言いたいことが複数あると、一気にわかりにくくなる。

1つのコピー（文章）では1つのアイデア。

これが重要な法則で、書く場合だけでなく、話す場合にも有効だ。

【稼ぐ人】は、**わかりやすく伝えるために、常に言いたいことを1つに絞っている**。

法則
35

ムーブメントを起こすＭＡＹＡの法則

貧す人 商品について、詳しく説明しよう

稼ぐ人 商品について、喩えて説明しよう

爆発的なムーブメントを起こすカギになるのは、インフルエンサーにアプローチすることではない。**ムーブメントはインフルエンサーの周辺にいる人が発火点になることが多い。**

例えば、ピコ太郎のヒット曲「ペンパイナッポーアッポーペン（Pen-Pineapple-Apple-Pen、以下ＰＰＡＰ）」は、ジャスティン・ビーバー（カナダのポップミュージシャン）が紹介して世界的ヒットになったが、ジャスティン・ビーバーにＰＰＡＰを伝えた人がいる。

今の時代、あるジャンルで突出すると、マルチチャンネルで世界中に広がっていくのだ。

商品・サービスを広めるのも同じ。コスメやファッションアイテムなどは芸能人が使うとヒットするといわれているが、芸能人にどうやって商品を知らせるか？

そのカギはヘアメイクの人。ヘアメイク中のおしゃべりする時間がポイントだ。

そこで、人に理解されやすくする原則が「ＭＡＹＡ」である。

ＭＡＹＡは「Most Advanced Yet Acceptable」の略。
これは『Hit Makers――How Things Become Popular』（Derek Thompson著、Penguin）という本の中で紹介されている。

カンタンに言うと、ＭＡＹＡとは「**最先端すぎてイメージしにくいものを、身近でなじみのあるもの」に喩えるとブレイクする**というものだ。

【貧す人】は、見たこともない、聞いたこともないものを、なんとか説明してわかってもらおうとするが、なかなか受け入れてもらえない。

【稼ぐ人】は、**可能な限り顧客がイメージできるもの、なじみのあるものに喩えて説明する**。

こんな事例がある。あるアメリカの不動産会社が、中華料理の屋台が数多く出店しているハワイのショッピングモールを売却しようとしたが、なかなか売れなかった。こういうコンセプトが今までなかったからだ。そこで、「ハワイのショッピングモール」ではなく、利回りのいい「テーマパーク型ショッピングモール」として販売したところ、売れたのだ。

顧客がイメージしにくい提案は、なかなか受け入れてもらえないもの。

ポイントは「**派生形**」。**既に売れている商品のさらに良いバリエーションという位置付け**で販売してみると、直感的にわかりやすくなり、売れるようになるのだ。

法則 36

傷ついたヒーラーの法則

貧す人 今まで頑張ってきたのに、**もう最悪**だ

稼ぐ人 未来から見れば、これは**最高の瞬間**だ

「ウンデッド・ヒーラー(Wounded Healer)」をご存じだろうか。

「傷つきながらも、他者を癒せる人」という意味だが、代表例を挙げると、ロックスターの矢沢永吉。詐欺事件の被害者となり、30億円超の借金を背負ったが、ステージに立ち続けることで完済。彼の姿は、ファンをはじめ、多くの人たちに影響を与え続けている。

「ウンデッド・ヒーラー」の力は、売上を上げる際にも役立つ。なぜなら**問題を抱えている顧客にとって、障害を乗り越えたという経験自体が大きな学び**となるからだ。

例えば、「帰国子女で生まれはロンドン。英語の成績は校内トップ。もちろん外国人の友達もたくさんいました」という英語講師と、「このままではクビにされてしまう……。なんとか会議で通用する英語を、3週間で学ばなければならなかった」、または「話しかけても完全無視。そこで、トム・クルーズを完璧にマネた発音を特訓し、ついに彼女を

ゲット！」という英語講師がいた場合、あなたが英語で困っていたら、どちらに共感するだろうか？

このような障害を乗り越えた経験を――あなた一人ではなく――チーム全体で積んだとき、顧客に対するインパクトはさらに大きくなる。

開発苦労話は、商品のこだわりを効果的に伝えられる。例えば、

「ようやく自慢できる商品を出荷したとき……、最悪の事態が起こったのです」

「大型注文に私たちは有頂天。祝杯を挙げていたまさにそのとき！　予想外の電話が鳴ったのです」

このように**障害を一つひとつ乗り越えていくたびに、顧客に伝えるべき内容が生み出される**。

終わらない嵐はない。だからこそ嵐の状況をしっかり記録する。最悪の状態を、写真や映像に収めておくのだ。そうすれば、後々大成功し、テレビ番組で取り上げられたとき、最高の素材を提供できることになる。どん底のとき、

【貧す人】は、まわりに語る言い訳を見出すが、

【稼ぐ人】は、**未来に語る物語を見出す**。

失敗体験とは、事業成長にとって必要不可欠な資産（リソース）なのだ。

法則
37

想定外ライバルの法則

貧す人
ライバルに勝つためには?

稼ぐ人
ライバルを超えるためには?

大ヒットする映画には、必ず手強い敵が登場する。『スター・ウォーズ』ではルーク・スカイウォーカーに対し、ダース・ベイダー。『バットマン』ではジョーカー。『プラダを着た悪魔』では主人公のアンドレアに対して、カリスマ編集長のミランダといった面々。ドラマでは悪役が魅力的であればあるほど、主人公が輝く。

ビジネスにおいても、**仮想敵を設定することで、あなたの会社は際立ってくる。**

しかし、ライバル社を敵視するのはもはや時代遅れ。

例えば、大手企業をライバルとして、「テレビ広告しない分、浮いた宣伝費を、お客様に還元します」などと比較すれば、短期間で売上は上げられるが、副作用も大きい。

そうやって集まってくる顧客は鋭くかみついてくることも多く、あなたの事業が大きくなったとき、今度は逆に後発企業からバッシングされることになる。

そこで、**あなたの商品とはまったく関係ない商品を〝仮想敵〟に設定する方法**がある。

例を挙げると、韓国コスメブランドのMEDICUBEは、「専門家に任せていた毛穴ケアを自宅でも」と打ち出した。決して同業他社の商品とは比較していない。ライバルを高級エステに設定することでお値打ち感も出るというものだ。

他にも、糖度の高い甘酒を売るときに、完熟マンゴーや高級スイーツをライバルに見立てたケースがある。このように比較対象をライバル商品から想定外のものに変えるだけで、価格競争からも逃れられる。

米国テスラ車の空調システムには、対生物兵器モードがある。その説明として、創業者のイーロン・マスクは、「化学兵器で攻撃された際にも、大丈夫」と、なんとテロリストを仮想敵に設定した。

【貧す人】は、同業他社を仮想敵とみなす。

【稼ぐ人】は、**自社商品をまったく異なる商品と面白く比較しながら、環境破壊、人種差別、貧困問題、エネルギー問題といった社会問題を仮想敵とする。**そしてライバル社すらも、あなたとの共同戦線に巻き込んでいくのだ。

誰もが味方にならざるをえない「共通の敵」はどこにいるか？

これを見出すことであなたの事業は使命感を持ち、より広い市場へ飛躍し始める。

法則

38

否定形より肯定形の法則

貧す人 できないことはできないと、はっきり否定しよう

稼ぐ人 できないことでも、肯定的な言葉で言おう

「少し気づいたことがあるので、お伝えしてもいいですか？」

アドバイスする前に、このように許可をもらうようにすると、相手はとても受け入れやすくなる。このように、言葉の使い方によって相手に負担をかけない、相手に手間を感じさせないようにする研究分野がある。それが「**経験工学**」だ。

経験工学については、『おもてなし幻想』（マシュー・ディクソン＋ニコラス・トーマン＋リック・デリシ共著、神田昌典＋リブ・コンサルティング日本語版監修、安藤貴子訳、実業之日本社）に詳しく書かれている。この本によると、感動的なサービスと顧客がファンになってくれることとは直結しないことがわかった。

これは日本人にとっては衝撃で、ディズニーは感動的なサービスを提供しているのでは？　と思うかもしれない。確かにそうなのだが、それは極めて特異なケースで、調査結

果では、一般の会社には当てはまらないという。

顧客流出を食い止めるのに重要なことは、「顧客に負担をかけないこと」だったのだ。ここでいう「負担」とは、典型的な例でいうと、入力箇所が非常に多い申込フォームなどだ。

経験工学のポイントは、**実際の顧客の作業量が多くても、それを「手間と感じないような言葉づかい」をする**点だ。そして、顧客が手間と感じているか否かは、アンケートで指標化する。それが、**CES(Customer Effort Score：顧客努力指標)**と呼ばれるものだ。CESのアンケートは次のような文言で構成され、通常7段階（1〜7）で回答してもらう（→P221）。

「商品を購入するまでのステップで、どの程度ストレスがありましたか？」

経験工学を今日から実践するために、まず手軽にやってほしいのは、**「否定形」を使わず、「肯定形」の文章にする**こと。

否定形：「ただいま注文が混み合っており、翌日発送できません」

肯定形：「大変ご好評をいただいております関係で、○月○日の発送となります。お待たせして大変申し訳ありませんが、こちらの使用例の動画をご覧になり、イメージを膨らませて、到着をお待ちください」

【貧す人】は、否定形で会話をストップさせるが、

【稼ぐ人】は、**肯定形で、相手とつながるようにする**のだ。

法則
39

自分の言葉で伝えるのはNGの法則

貧す人
しっかり伝えるために、**自分の言葉**で伝えよう

稼ぐ人
しっかり伝えるために、**顧客の言葉**で伝えよう

顧客へのメッセージに使う言葉は、**自分の頭の中にある言葉ではない。顧客の頭の中にある言葉**だ。これはセールスの文章に限らず、メールを書く場合や、人前で話す場合でも同じ。

あるセミナーでご一緒した、フリーアナウンサーの福澤朗《ふくざわあきら》氏が面白いことを言っていた。「会話はキャッチボールと同じ。キャッチボールでいきなり豪速球を投げたりはしないはず。まずは相手が捕れるように、ゆるいスピードで、捕りやすいコースに投げるはず。会話も同じで、**相手が受け取れる＝相手が正しく理解できる話し方**が必要だ」と。

これはコピーライティングにもそのまま当てはまる。

最もわかりやすい例が専門用語だ。専門用語は使うべきか、やめるべきか？

答えは、「相手が理解できるか」にかかっている。相手が専門用語をわかっているなら、

使ったほうがいい。

逆に、専門用語を理解していないときは、使わないことだ。どうしても使う必要があるなら、しっかりわかるように説明すべきだ。これを逆にすると、面倒なことになる。

例えば、MA（マーケティングオートメーション）導入を提案する場合、既に他社のものを使っている顧客に乗り換えを提案するなら、MAの説明は不要だ。下手に説明すると、「あなたに説明されなくても知ってるよ」と反感を買う。

一方、マーケティングツールをほとんど導入していない会社に、いきなりMAと言っても、反応は「?」になるだけ。

手っ取り早く顧客の頭の中にある言葉を探す効果的な方法は、検索キーワードを調べてみることだ。

キーワード検索ツールはいろいろあるが、最も身近なものは、グーグルやヤフーの**サジェストキーワード**。サジェストキーワードとは、ある言葉を入れると、その後に出てくる候補のこと。これを調べると、対象顧客がどんな言葉を調べているか＝どんな関心を持っているかがわかる。

【貧す人】は、自分の頭の中にある言葉で伝えようとするから、伝わらない。

【稼ぐ人】は、**相手に合わせて、理解しやすい言葉で伝える**から、確実に伝わる。

法則 40

無理なく高値で売れるウォンツの法則

貧す人 顧客のニーズに訴えよう

稼ぐ人 顧客のウォンツに訴えよう

よく「顧客ニーズに応えよう」「顧客ニーズを探ろう」といわれるが、コピーライティングには、ニーズとは別に「ウォンツ」という概念がある。

ニーズは必要性、ウォンツは欲求だ。一般的に**ニーズに訴える商品は価格が安くなり、ウォンツに訴える商品は価格が高くなる。**

ニーズとウォンツの違いが最もわかりやすいのは腕時計だ。時間を知るというニーズを満たすだけの腕時計なら、1000円前後で手に入る。時間を知るだけなら、機械式の高級腕時計よりもリーズナブルなソーラー発電の電波時計のほうが時刻が正確で、機能もすぐれているものが多い。しかし実際には、便利なはずの電波時計より、手間のかかる機械式時計のほうがはるかに高価だ。これは高級腕時計だけでなく、高級万年筆なども同じ。

これらは基本的な機能自体に大差はないし、価格差ほどのコスト差があるとは思えない。

高級品はカッコよく見られたい（見せたい）とか、所有することでステータスを感じたいなどという欲求を喚起する。

ニーズではなくウォンツに訴えることで、ステージの違う商品・サービスとして位置付けられ、高額でも売れるのだ。

他にも、ニーズではなくウォンツに訴える事例を紹介しよう。

トイレットペーパーは生活必需品で、典型的なニーズ商品。商品自体で差別化するのは難しい。そこで、クリネックスは「極上のおもてなし」という高級トイレットペーパーを開発した。この商品は、アロマの香りと柄によって、ニーズの枠を超え、高級感を演出する欲求（ウォンツ）に訴えている。

商品・サービス自体が変えられない場合には、打ち出すコンセプトを変えることで、ウォンツに訴えられる。例えば、商品開発の苦労話で、対象顧客と同じ悩みを持っていたが、それを自ら克服したというストーリーを語ることで、自分も同じ苦労から解放されたいという欲求に訴えられる。

【貧す人】は、扱う商品・サービスが、顧客の必要性を満たすかだけを考えている。

【稼ぐ人】は、**扱う商品・サービスが、顧客のどんな欲求に訴えられるかを常に考えている。**

法則 41

心のブレーキを外す法則

貧す人 大きな未来に進むために、**アクセル**を踏もう

稼ぐ人 大きな未来に進むために、**ブレーキ**を外そう

あなたが思い描く最高の未来が実現したとき、一流メディアからインタビューされたと想定してほしい。私がこれからあなたにインタビューしよう。私を一流メディアの記者だと思って答えを考えてみてほしい。

■ **「おめでとうございます。今の心境をお聞かせください」**
■ **「この偉業の突破口は、どこにあったのでしょうか？」**
■ **「今までの方法を続けていたら、どんな深刻な問題に陥っていたと思われますか？」**
■ **「あなたを見本として挑戦しようとしている後輩に、ひとことアドバイスを」**

制限時間は10分。これを考えると、10分後には、**あなたのヒーロー・ヒロインインタビューができあがる。**

なぜこの質問をしたのか？　これから大きな未来に向かって前に進むためには、荷物を

下ろすことで、スムーズに、そして、楽しく、ラクに未来に向かうことができるからだ。

アクセルを踏むより先に、まずはブレーキを外すことが圧倒的に効果的。

そこで重要になってくるのが、右の3番目の質問。

「**今までの方法を続けていたら、どんな深刻な問題に陥っていたと思われますか?**」

過去を振り返り、失敗に思い当たることがあれば、それは今、荷物を下ろすべきタイミングということだ。私自身も振り返ってみると、こんな失敗があった。

大きな夢や大きな目標を掲げた結果、大きな責任を一人で背負い込んでしまったのだ。

そこで考えたのは、

「よりシンプルに。よりカンタンに。カンタンなことを、カンタンにやっていこう」

ということだった。

今までは、「できるだけ難易度の高いことを、知恵と工夫でシステム化してやっていこう」と思っていたが、あえてお茶の子サイサイでできることをやろうと思ったのだ。

これは、今までの自分の思考法を大幅に変えることになる。

【貧す人】は、ブレーキをかけたまま、アクセルを踏むから、なかなか進めない。

【稼ぐ人】は、**先にブレーキを外す**。そうすると、ちょっとアクセルを踏むだけで、大きな未来に飛んでいける。この違いは果てしなく大きい。

法則 42

読み手に刺さる見出しの法則

貧す人 見出しはフィーリングで考える

稼ぐ人 見出しは要素で考える

メールの件名や、LP（ランディングページ）のヘッドラインなど、見出しは極めて重要だ。見出しで「面白そう」と思ってもらえないと、中身を読んでもらえない。

では、インパクトのある見出しはどうやってつくるのか？

【貧す人】は、フィーリングで考えるから、当たり外れが大きく、ほとんど当たらない。

【稼ぐ人】は、**インパクトのある見出しを「8つの要素」で考える**。

実は、見出しを要素で研究するのはかなり以前から行われていたが、その多くは再現性のないものが含まれていた。

例えば、「感情（好奇心）が刺激される」のは大切だ。だが、あなたが「これなら読み手の感情を刺激できるだろう」と書いた見出しが本当にそうなるか、どうやって判断すればいいのか。これまでは一人ひとりのセンスに委《ゆだ》ねられていた。

そこで、誰でも客観的に判断できる指標として、**「BTRNUTSS《バターナッツ》」の8要素**を『コピーライティング技術大全』で初公開した。それが下図である。

BTRNUTSSは、下記8要素の頭文字をつなげたもの。

これから見出しをつくるときは、下記をコピーして目につくところに貼り、「バターナッツ」を意識しながら書いてみよう。

ただ、**8要素すべてを1つの見出しに入れなくてもいい。**どれか1つか2つを組み合わせて見出しをつくればいい。そして、一度見出しができたら、8要素で客観的に検証してみると効果的だ。

例えば、数字（N）がなかった場合、数字を入れたらもっとインパクトが出ないか考えてみよう。

すると、**フィーリングに頼ることなく、再現性の高い見出しができる。**ぜひ試してほしい。

■BTRNUTSS《バターナッツ》の8要素

Benefit（有益性）：読み手にとってどんないいことがあるか？
Trust（信頼性）：胡散くさくなく、信頼できるか？
Rush（緊急性）：後回しにせず、急がねばという要素があるか？
Number（数字）：数字が入っているか？
Unique（独自性）：他のものとの違いがわかるか？
Trendy（話題性）：旬の話題に関連しているか？
Surprise（意外性）：読み手の常識と違う意外な要素があるか？
Story（物語性）：物語を彷彿《ほうふつ》とさせるか？

法則
43

すべり台の法則

貧す人
すごいと感心されるためには、何を伝えればいい？

稼ぐ人
関心を持ってもらうには、何から伝えればいい？

アメリカの伝説のコピーライター、ジョセフ・シュガーマン（著書『シュガーマンのマーケティング30の法則』フォレスト出版など）の言葉に、次のようなものがある。

「広告において、**一番目の文章の目的は、二番目の文章を読ませること。二番目の文章の目的は、三番目の文章を読ませること**」

このように、**読み手が「すべり台をすべるように」文中に惹き込まれる表現こそが売れる広告文**だという。つまり「関心を持ってもらうために、何から伝えればいいか」を考え、売り手の世界に顧客を導き入れる道筋をつくるのだ。

【貧す人】は、セールスレターをつくるとき、自分の商品説明を鼻息荒く始めてしまう。「画期的ダイエットサプリ！」「脂肪燃焼カプサイシン、増量！」というように商品の特長を書き連ねる。これでは「これから売り込みますよ」と宣言するようなもの。顧客は逃げるように去っていくだろう。

一方、【稼ぐ人】は、**まず、短い文章で、読み手の興味を惹く**。

ダイエットサプリの第一文は、こうなる。

「ダイエットしてるでしょ？　と友達から言われたとき……」

読み手は、これだけでは意味がわからないが、興味をそそられ、つい読み進める。

第二文で、「私はおもいっきり、首を横に振ってしまいました（汗）」となれば、次を読まないと落ち着かない。

そして第三文で、「ウソじゃないんです。なぜなら、いつもどおり、しっかり食べているんですから……」とストーリーに惹き込んだ後に商品紹介を行っていくわけだ。

顧客を惹きつけるレターを考えるとき、とってもカンタンな方法がある。**あなたが感動した「顧客の声」でインパクトのある箇所を〝そのまま〟見出しに使う**のだ。

例えば、「えっウソ!?　体重計が間違いかと思いました」「このサプリに出合えて、本当に良かったです」などだ。

セールスコピーの技術は、**ストーリーをつくる技術に近い**。映画のオープニングのように、商品を紹介するショーのオープニングのセリフを考えてみる。

いつもの日常をすごす顧客を、価値ある冒険へと誘《いざな》っていく……まさに〝芸術〟なのだ。

法則

44

効果的な「つかみ」の法則

貧す人 プレゼンのつかみは、**ウケ**を狙おう

稼ぐ人 プレゼンのつかみは、**数字**を語ろう

セールスパーソンが顧客に対して自社の商品・サービスをPRしたり、社内で上司にプレゼンしたりするケースがある。

だが、こちらが話し始めると、徐々に相手が眠そうになり、時には「あくび」をしたり、スマホをいじり始めたりする。

こうなると、話し手はツライ。

だが、ここからリカバリーするのは至難の業。

そうならないよう、最初の段階、つまり「**つかみ**」が肝心だ。

話の冒頭でしっかり聞き手の興味・関心を惹きつけなければならない。

こんなとき、【貧す人】は「ウケ狙い」に走る。

だが、これは極めてリスキーだ。ウケを狙ってウケなかったら？　相手の失笑につな

がったら？

確実にあなたの評価は下がるだろう。考えただけでも冷や汗が出る。

これがおもいっきり「スベる」パターンだ。

一方、【稼ぐ人】は、様々なシチュエーションで幅広く効果のある「つかみ」を使う。

ズバリ「数字」だ。**数字に勝る「つかみ」はない。**

【稼ぐ人】は、**プレゼンの冒頭で、無地の背景に数字だけが入っているスライドを用意する。**

下のように、「30－50－20」という具合だ。

そして次のように説明する。

「さて、これはいったい何の数字でしょう。

アメリカの○○の調査によれば、資料請求後30分以内に電話をした場合、アポイントが取れる確率は50倍、そして、成約率は20倍になるという結果があります」

このように**3つの数字を出して、ストーリーをつくる。**

これは、シンプルながら、どんな業界でも、聞き手の興味・関心を一気に惹きつけられるテクニックなのだ。

法則 45

一発逆転の法則

貧す人 何か儲かる商品はない？

稼ぐ人 何か挑戦する商品はない？

観客を惹きつけてやまない、ヒット映画のパターンがある。それは、強敵に負けそうになる寸前に奇跡が起こり、**一発逆転**する痛快劇だ。実は、売上を上げるときにも、このパターンが使える。

例えば、偉大なるマンネリCMといわれた大正製薬「リポビタンD」のCMをご存じだろうか？——二人の男性が、命をかけた冒険をしながら、様々な障害に立ち向かう。そして最も困難な場面で、ここぞと力を振り絞りながら、「ファイトー!!」「イッパーッツ!!」という叫び声を挙げ、危機脱出！

この「挑戦・困難・逆転」というパターンを40年近く続けてきたのは、売上を上げるために最も効果的だからだ。

一発逆転パターンを凝縮した、一行見出しがある。アメリカの天才コピーライター、ジョン・ケープルズ（１９００〜１９９０）が、米国音楽学校の通信講座用に制作した歴史に残る次の名コピーだ。

「**私がピアノの前に座るとみんなが笑いました。でも弾き始めると――！**」

たった一行ながら、ありありと情景を思い浮かべられるだろう。

このコピーが書かれたのは、１９２５年。なんと１００年近く前のことだが、今もって、この見出しから始まる広告で商品を説明すると、**突然、売れ始める**。例えば、

「私がＨＥＬＬＯと言うと、みんなに笑われました。でも、その後、息をつかずに英語を話し始めると――！」

「私が東大受験すると言ったら、みんなが笑いました。でも合格通知を見せると――！」

「私がワインメニューを持ったとき、みんなに笑われました。でも、ソムリエと会話し始めると――！」といった具合だ。

【貧す人】は、商品そのものを描写しようとするが、

【稼ぐ人】は、**商品が生み出すドラマをイキイキと描写する**。

そして、そのドラマが多数の人の胸を打つのは、あなた自身が挑戦をやめないからだ。

あなたも、早速、自分の商品・サービスについて、次の空欄を埋めてみてほしい。

「私が〇〇すると、みんなが笑いました。でも××始めると――！」

法則
46
顧客に伝わる差別化の法則

貧す人 独自のウリは、自分の自信を語る

稼ぐ人 独自のウリは、他人がわかるように語る

似たような商品・サービスがあふれている中で顧客に選ばれるには、自分（自社）独自のウリが必要だ。

言い換えると、「**他と違いが際立っている点**」だ。これをコピーライティングでは、**USP**（Unique Selling Proposition）という。

USPを考える上で有効なのが、ステージ1の冒頭で解説した「5つの質問」の 質問3 （P35）だ。

質問3

いろいろ似たような会社がある中で、既存客は、なぜ自分の会社を選んだのか？同じような商品を買えるような会社がいろいろある中で、なぜ既存客は、自分の会社から、この商品を買うことにしたのか？

この質問に対する答えは、要するに「他より良かった点」。「選ばれる理由」と言ってもいい。

USPについては、勘違いしている人が多い。

「あなた独自のウリは何?」と尋ねると、【貧す人】は答えられないケースが多い。答えられる人でも、**自らの自信の度合を語るだけで、顧客にとって他の商品との違いがわからないケースが多い。**

つまり独りよがりなUSPとなっているわけ。

例えば、「わが社のサービスには絶対の自信があります」「丁寧な接客が自慢です」「たくさんの人に喜んでもらっています」など。これでは、顧客からすると、他社にはないUSPなのか判断できない。

それが「○○サービスで○○賞を受賞」「顧客満足度96・4% 業界で唯一95%超えを7年連続で継続」といった表現なら、顧客によく伝わる。

【貧す人】は、いつまで経っても、自らの自信の度合を伝え続ける。

【稼ぐ人】は、**自社の商品・サービスの違いを、客観的に顧客がわかるように伝えている。**

そして、その違いが理解されれば「価値」として認識され、他より高くても買ってもらえるとわかっているのだ。

法則
47

顔写真の法則

貧す人
“ウソ”が見えないようにしよう

稼ぐ人
“顔”が見えるようにしよう

まずは、左の2つの広告を見てほしい。違いは、私の顔写真が入っているか否か。それだけで売上にどれほどの違いがあるか、わかるだろうか？

実際のデータを、こっそりとお見せすると……！

な、なんと！　**顔が入っているかどうかで、売上が約3倍以上変わる**のだ。

これは、私だけに当てはまる例外ではない。

マーケッター向け専門メディア「MarkeZine（マーケジン）」編集部による記事（2014年8月25日付）によると、「**人間の顔が入っている広告は177%コンバージョン率が高い**（保険の広告に関する調査）」という。

これだけ劇的な違いをもたらす理由は、**顔を見せることにより信頼性が高まるから**。

【**貧す人**】の広告は、メッセージの発信元が誰だかわからない。その結果、何かウソがあるのではないかと勘ぐられてしまう。

【稼ぐ人】の広告は、顔という一つの統一したイメージを提供し続けると同時に、責任を引き受ける覚悟が明白だ。

ただ、必ずしも、あなたの顔を出す必要はない。重要なのは、「**会社の顔となる、一貫したイメージは何か**」を考えること。

それを決めることで、あなたの会社は際立つブランドとなって浮かび上がるきっかけをつかむことになる。

"彼"の本を読んだだけの人は、
まだ、本当の衝撃を知らない。
神田昌典
全国横断講演会
セミナー
東京・大阪・名古屋・福岡・岡山・新潟
長野・熊本・石川・徳島・長崎・福島
20　年1月10日から2月15まで
申込
受付中

バナー広告A

▼顔写真あり
CTR（広告クリック率）：0.137%
CVR（成約率）：1.12%

"彼"の本を読んだだけの人は、
まだ、本当の衝撃を知らない。
神田昌典
全国横断講演会
セミナー
東京・大阪・名古屋・福岡・岡山・新潟
長野・熊本・石川・徳島・長崎・福島
20　年1月10日から2月15まで
申込
受付中

バナー広告B

▼顔写真なし
CTR（広告クリック率）：0.134%
CVR（成約率）：0.35%

法則
48

圧倒的な証拠の法則

貧す人 この商品の魅力を、あなたに教えてあげます

稼ぐ人 この商品の魅力を、あなたが語ってください

商品を提案する際、あなたに必ず準備してもらいたいものがある。「**圧倒的な証拠**」だ。圧倒的な証拠とは、商品・サービスに対する安心と信頼を顧客に感じてもらう証《あかし》。具体的には、受賞歴、表彰歴、マスコミ報道、一流企業との取引歴、お客様の声などだが、**最も重要なのが**「**お客様の声**」だ。

お客様の声は、強力だ。あなたはネット書店で書籍を選ぶとき、必ず読者レビューを見るだろう。リアル書店では書店員の推薦ポップを見るだろう。いずれも高評価レビューがあると、安心して購入できるものだ。

通販のオンラインショップでは、レビューを書くと割引されることがあるように、**良質のレビューを集めるのは、もはやすぐれたコピーライターを雇うほど重要。**

お客様の声を集める上で重要なのは、「**影響力**」と「**真実味**」だ。

大ヒットを目論む映画広告を見ると、各界著名人の感想が並ぶ。プロモーション担当者は、ターゲット層に影響力のある人の感想を得るため、相当な時間と労力をかける。

一般的な商品に影響力がある人といえば、芸能人、スポーツ選手、作家などの著名人や、医師、弁護士、公認会計士、大学教授などの教える立場の人になる。

こうした**厳選された人からの感想を7人分以上集める**よう努力してほしい。

【貧す人】は、お客様を「匿名希望」や「T.S.」などのイニシャルで紹介する。また、ネットショップのレビューを、好意的なレビューだらけにしようとする。だが、それではかえってあやしくなる。

【稼ぐ人】は、「真実味」を感じてもらうために、できる限り、**お客様の声に本名や顔写真を掲載できるよう協力を依頼**する。

商品に愛着のある顧客にとって、協力依頼は喜びとなる。これによりあなたとの交流が深まると、自らのブログやSNSで紹介したり、使用中の動画を配信したりして、商品の伝道師として活躍する顧客も出てくる。

このように、今や商品を広げていくプロセスは、**顧客との共同作業**に変わっている。

あなたの商品をきっかけに、顧客はどんな活動をすることを喜びとしているのか？

顧客との共同作業の結果、生み出される交流こそ、〝圧倒的な証拠〟となるのだ。

法則

49

大胆な返金保証の法則

貧す人 返金保証をつけたら、会社の〝損〟

稼ぐ人 返金保証をつけたら、会社の〝得〟

全額返金キャンペーンは、様々なシーンで見られる。アサヒ飲料の缶コーヒーブランド「WONDA（ワンダ）」は、商品リニューアルの際、「ご満足いただけなければ全額返金！」キャンペーンを展開。電気シェーバーのブラウンも、「最強の深剃りへ挑戦　満足しなければ全額返金」と大きく宣伝。さらにはプロ野球の横浜DeNAベイスターズも、「全額返金!? アツいぜ！　チケット」と題し、試合に負けたらチケット代金を全額返金する企画を実施した。いずれも期間限定だったが、**返金保証には、3つの効果がある**。

まず、**商品品質への信頼をアップ**する効果。あなたの商品がまだ多くの顧客に知られていない場合、おもいきって全額返金を打ち出すことで、品質に対する信頼を一気に獲得できる。顧客にとっては、「全額返金するほど自信があるのか」とリスクなしで試せるのだ。

2つ目は、**顧客数の増加**。実際に、全額返金を依頼する人は、多くても全購入者数の

5％程度。だが、ここで今まで興味はあったが買わなかった顧客が購入して顧客数が15％アップすると、有力な顧客獲得キャンペーンとなる。ブランド力を高めたい会社にとっては、割引より返金保証のほうが断然、賢い選択となる。

最後の3つ目は、**品質管理**。返金依頼があまりにも多かった場合（例えば10％など）は、商品自体の品質がかなり悪いと考える。こんなとき、返品された商品を社内で緻密に分析すれば、一挙に商品の品質を改善するチャンスに変えられる。

【貧す人】は、返金保証のメリットがわからず、「全額返金したら大きな出費だ」「保証を悪用する顧客がいる」と大反対する。

【稼ぐ人】は、返金保証による3大効果がわかっているので、「中途半端に行うのは意味がない」と断言。

そして、「返金保証を打ち出すことで、いくつものメリットを同時に刈り取るには、どうすればいいか」をじっくり考えつつ、大胆な施策を次々と実行するのだ。

自分が誇りに思っている商品であればあるほど、返金保証を悪用した人への対応は、一時的に社内の士気を下げるかもしれない。

だが、**商品への感情を切り離し、〝戦略的に〟返金保証を活用すれば、さらに一段すぐれた組織へ成長する**のは間違いない。

法則 50

価格表の法則

貧す人 すぐに無料で提供する

稼ぐ人 まずは価格表を提供する

【貧す人】は、「最近の客は安いモノしか買わない」「無料のモノしか使わない」と愚痴をこぼす。なのに、【貧す人】の広告は、「出血覚悟の超安売り！」だったりする。

顧客は、売り手が投げかけたメッセージにダイレクトに反応する。安さを打ち出せば、安いモノに飛びつく人が集まってくる。

高価格だがこだわりの品質を打ち出せば、高価格でも品質の良いモノがほしい人が集まる。

極めて当然の話だが、セールスメッセージでも、こちらが考えていることと実際のメッセージの間にギャップがあることが多い。

大事なことは、

自社（自分）は、どんな人（会社）とつき合いたいのか？を明確にすること。

これが決まっていないと、メッセージがブレ、こちらが意図しない顧客に苦労する。よくあるのが、顧客から「こんなことはできますか？」と聞かれ、「できますよ」と価格交渉しないで受けてしまい、「こんなにやっているのに、無料なんてヒドイ！」と恨み言を言うハメになるケース。

だが、こちらが価格を提示していないから、タダになるのは当然。自分で自分を疲弊させる原因をつくっているわけだ。

価格をつけるのは、売り手が自分の価値を提示するために、とても重要。

今すぐやるべきことは、**無料で提供しているものに価格をつける**こと。

特にコンサルタントやコーチのような、アドバイスを商売にしている人は要注意だ。このような人の場合、「ちょっと相談があるんだけど」「ちょっと話を聞きたいんだけど」と、相手が好きなだけ話をして感謝はされるが、お金は一円ももらえず、その後連絡が一切こないケースもある。こうなると相当キツい。まさに【貧す人】の典型だ。

自分の価値に見合った値段をつけると、プロフェッショナルな領域として線引きができるようになる。

プロフェッショナルな商品・サービスを、きちんと値段をつけて相手に提示することで、本当に価値のわかる顧客が集まり、【稼ぐ人】になれるのだ。

法則
51

選択肢の法則

貧す人 顧客が選びやすいように、選択肢を**増やそう**

稼ぐ人 顧客が選びやすいように、選択肢を**減らそう**

従来の経済学では、自由に選べる選択肢は多ければ多いほど、人々の満足度は高いという暗黙の前提がある。

だが、次の「行動経済学」の実験はそれを否定するものだ。

スーパーマーケットで、６種類のジャムと24種類のジャムをテーブルに並べて、１ドルの割引券を渡し、買物客に試食してもらった。６種類のジャムの陳列と24種類のジャムの陳列は、１時間ごとに入れ替えた。

陳列テーブルのある通路を通りかかった２４２人のうち、

40％の客が６種類のジャムの陳列を訪れたのに対し、

60％の客が24種類のジャムの陳列を訪れた。

つまり、最初はジャムの種類が多いほうが魅力的なのである。

しかし、6種類のジャムの陳列テーブルを訪れた客のうち実際に購入したのは30％であったが、24種類のジャムの陳列テーブルを訪れた客のうち実際に購入したのはたった3％にすぎなかった。

消費者は、**多様な選択肢が用意されているほうに魅力を感じるが、結局、選択肢が多すぎると、なかなか決定できない**ということだ。

（中略・著者要約：他にもチョコレートを用いた実験を行ったが、同様の結果となった）

イエンガー（著者注：シーナ・イエンガー。コロンビア大学ビジネススクール教授）は、自分が把握するのが可能な範囲内で選択をすることが選択者にとっては望ましく、過剰な選択肢があるとむしろ選ぶのを間違えたのではないかという一種の後悔や失敗の感覚に襲われるのではないかと指摘している。（【出典】友野典男著『行動経済学』光文社）。

私の経験からも、**顧客の選択肢が4つを超えてしまうと、反応は激減**する。

選択が難しくなると、選択自体を諦めてしまう。実に恐ろしいことだ。

【貧す人】は、選択肢を増やして、顧客を混乱させるが、

【稼ぐ人】は、**選択肢を絞り込み、2～3の選択肢を提示し、顧客が選びやすくしている**のだ。

法則

52

松竹梅の法則

貧す人 **これ**を買いませんか？

稼ぐ人 **AとBとCのどれ**がいいですか？

先ほど、選択肢が多いと顧客は選びにくくなる実験結果を紹介したが、商品・サービスを1つしか用意しないのも、【貧す人】に一直線。

選択肢が1つだけだと顧客は、「それを買うか？　買わないか？」の二者択一になる。

【稼ぐ人】は、必ず複数のラインナップを用意する。

最低2つあれば、「AかBか」二者択一になる。例えば、「スタンダード」と「デラックス」。「シンプル」と「コンプリート」など。

最もポピュラーなのは、3つの選択肢を用意する「**松竹梅**」の3パターンだ。松竹梅とは、グレードのことで、松が一番上、竹が真ん中、梅が一番下だ。

松竹梅のグレードを設計するには、3つの切り口がある。

価格、性能（**品質**）**、顧客**（**販売**）**側の関与の度合**だ（左下の図）。

価格と性能（品質）はわかりやすいが、「顧客（販売）側の関与の度合」は、経理ソフトの例でいえば次のようなイメージだ。

梅：すべて自分で入力する
竹：わからないときは、チャットでオペレーターに問合せできる
松：データだけ渡せば、入力代行してくれる

松竹梅の価格設定をすると、真ん中が選ばれやすい。

これは行動経済学では、「極端回避性」「妥協効果」と呼ばれている。

もう1つ注目すべきは、松のグレード、つまり**高価格帯を用意すると、一定割合で「松」を選ぶ人がいる**点だ。

これはマーケッターの実体験からいえるのだが、行動経済学の実験でも証明されている。

選択肢がBとCの場合の選択結果と、そこに上のグレードを入れたA、B、Cにした場合、一定割合で、一番上のグレードAが選ばれる。さらにBとCの割合が変化し、真ん中のBを選ぶ人の割合も増えるのだ。

■松竹梅の法則

法則
53

買いやすさは敵の法則

貧す人 いつでも買えるようにしよう

稼ぐ人 いつでも買えないようにしよう

人は、いつでもどこでも手に入るものには価値を感じないが、手に入らないかもしれないと思うと魅力的に感じ、価格が高くても買いたくなる。イタリアの大手自動車メーカー「フェラーリ」は、緻密な市場調査をして、常に需要数より一台少なくつくることで、ブランド価値を高めているという（【出典】楠木建著『ストーリーとしての競争戦略』東洋経済新報社）。

【貧す人】は、いつでも買えるようにして価値を下げる。

【稼ぐ人】は、買いにくくすることで、希少性を出し、価値を高めている。

そこで、効果を発揮するのが「限定」と「締切」。限定の代表例はこれだ。

- **期間限定**（例：お申込は〇月〇日まで）
- **数量限定**（例：職人の手作業のため、一日50個限定）
- **人数限定**（例：先着１００名様限定）

■ **資格限定（例：○○会員の方限定）**

また、「締切」があると確実に購買が促される。

検証結果を紹介しよう（下図）。これは、私の会社で実施したあるセミナーへの募集で、案内メールを配信してから締切日までの申込状況を示したものだ（『コピーライティング技術大全』より）。締切前日と締切日に申込数がかなり多くなることがわかる。

売れない原因の1つは「締切」がないことだ。これは、行動経済学の**「現状維持バイアス」**が深く関わっている。現状維持バイアスとは、変化を避けて現状を変えない心理傾向のこと。人は現状より好転するとわかっていても、なかなか行動できない。現状維持バイアスは人によって違うし、同じ人でも時と場合で違ってくる。現状維持バイアスが「弱い」ときは動きやすいが、現状維持バイアスが「強い」と動きにくい。セールスは、顧客の現状維持バイアスを乗り越える必要がある。強固な現状維持バイアスを外すためには、**どうしても「限定」と「締切」が必要**なのだ。

■締切までの成約状況イメージ

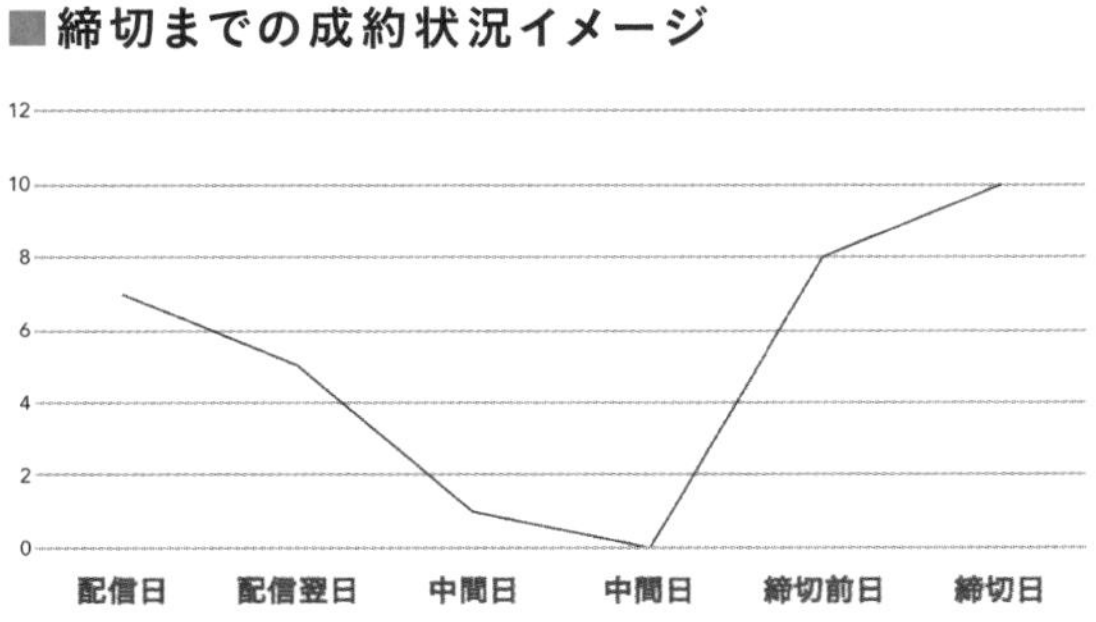

法則
54

3つのタイムリミットの法則

貧す人 **商品を早く売り切るためには、どんな限定を？**

稼ぐ人 **顧客が間に合うためには、どんな後押しを？**

どんなに自分にプラスになると思っても、人は変化に抵抗するもの。

「運動するほうがいい」「お酒は控えるほうがいい」「英語を学ぶほうがいい」――頭でわかっていることと実際に行動することの間には、大きなギャップがある。

ギャップを埋めるのに絶大な効力を発揮するのが、「**時間軸**」。どんなに理想の未来が待っていようと、締切がない限り人は行動しない。

セールスメッセージをつくる際は、あたかもアクション映画で時限爆弾のカウントダウンが始まっているかのような「**臨場感のあるタイムリミット**」を設けるべきだ。

タイムリミットには、「**自社都合**」「**顧客都合**」「**市場都合**」の3タイプがある。

まず、「自社都合」の例は、「在庫一掃セール」「決算キャンペーン」「閉店売り尽くしセール」「第一区画販売期間○月○日まで」など。

ただ、これらは使い古されているので、あまり臨場感や切迫感はない。

そこで、2つ目の「顧客都合」のタイムリミットを表現できないか考えてみよう。

例えば、「夏までにやせたい人のための、ソッコー3週間ダイエット」「海外出張で輝くための一夜づけ英会話」など、顧客の状況を想像し、それに間に合わせた提案をしてみる。

「たった3分で、保険料がどれだけ安くなるか、お見積りします」「ムダ一掃宣言。今月からスマホ代が浮き始める、格安スマホ」など、**今すぐ顧客が行動しないとデメリットが続く「負の側面」への気づきを促す**のだ。

「過払金の返還期限が近づいています」は秀逸。過払金の返還期限は完済日から10年間なので人によって異なるが、この瞬間にもストップウォッチが鳴っているかのような臨場感が伝わってくる。

3つ目の「市場都合」のタイムリミットも強力。反応率を大幅に引き上げる。

「税率アップ」「補助金申請期限」「新しい法律の施行」など、顧客が知らない情報を伝えるだけで、一気に売上を伸ばすことができる。

【貧す人】は、自社都合だけの締切を考え、煽っているかのような悪印象を持たれる。

【稼ぐ人】は、**顧客が期限までに行動しないデメリットを考え、それを避ける最適な提案をする**。母のように、**顧客をあれこれ心配することで、売上をグンと伸ばしている**のだ。

法則

55

カンタンに知名度を上げる法則

貧す人
知名度を上げるために、**広告**を出す

稼ぐ人
知名度を上げるために、**プレスリリース**を出す

商品・サービスが大ブレイクするには、３つの突破口がある。

1 マスコミに取り上げられる
2 大企業との取引が始まる
3 著名人に推薦される

大企業との取引は一見難しそうに思えるが、実際はそうではない。以前は企業規模によって取引先は限定されていたが、現在は商品・サービスのコンテンツ次第で大企業に採用されるケースは多々ある。

著名人からの推薦も同じだ。以前は芸能人やスポーツ選手などの有名人に限られていたが、最近はネット上でのインフルエンサーによる推薦も強力になってきた。無名な一般人でも、コストをかけずに知名度を上げられる時代なのだ。

では、最初のマスコミに取り上げられる方法について解説しよう。

「いやー、神田さん、テレビ局や大手新聞社に取り上げられるのは、よほど大きなインパクトがないと、普通の人には無理ですよ」

確かにそうだ。でも、諦める必要はない。いい方法がある。それが、「**プレスリリース**」を発行する方法だ。プレスリリースとは、広報用資料のこと。プレスリリースを出すことで、新聞、テレビ、ラジオなどに取り上げられやすくなる。

どんな内容のプレスリリースがマスコミ受けするか？

次の3つの切り口がある。

(1) アンケートなどの調査結果、(2) ランキング、(3) 研究レポート。

特に想定外のデータやエピソードがあると、取り上げられやすい。

また、地方メディアでは、客観的な調査結果に基づいた「商品の人気ランキング」などがあるとベスト。プレスリリースを出す際は、「PR TIMES」（東証プライム上場のPR会社）などを利用するといい。

広報結果はすべて数値で把握できるので、広告との相乗効果が一目瞭然となってきた。

【貧す人】は、ひたすら広告を出して知名度を上げようと疲弊するが、

【稼ぐ人】は、**プレスリリースを活用して、ラクラク知名度を上げる**のだ。

法則
56

3人の変革者の法則

貧す人 大きな変革を起こすには、**多くの意見**を聞こう

稼ぐ人 大きな変革を起こすには、**3人の意見**を聞こう

『隠れたキーマンを探せ！』（ブレント・アダムソン＋マシュー・ディクソン＋パット・スペナー＋ニック・トーマン共著、神田昌典＋リブ・コンサルティング日本語版監修、三木俊哉訳、実業之日本社）によると、**企業の中には、7タイプの人が存在する**という。

①ティーチャー（未来を示す）、②ゴー・ゲッター（実務を重視する）、③スケプティック（変化に対して懐疑を示し安定を守ろうとする）、④ガイド（何でも話す）、⑤フレンド（一緒にいたがる）、⑥クライマー（上昇志向だが自分のためを重視）、⑦ブロッカー（変化を常に否定）。

この7タイプのうち、①ティーチャー、②ゴー・ゲッター、③スケプティックの3つを「**モビライザー**」と呼ぶ。モビライズ（mobilize）、すなわち組織を動かすキーマンだ。

社内で大きな変革を起こそうとしたり、企業向けに商談をまとめたりしたいときは、モビライザーをいかに納得させるかがポイント。

特に企業を相手に商談をする際には、**いかにモビライザーを見つけ出せるかが成否を分ける。**

モビライザーの見つけ方は『隠れたキーマンを探せ！』を参照いただきたい。

注意すべきは、④ガイドと⑤フレンド。④と⑤は取引先に親切なので、つい相手にしてしまいがち。だが、④と⑤にいくら時間を費やしても、組織は動いてくれない。永遠に商談が成立することはないのだ。

①ティーチャーや②ゴー・ゲッターと似ているのが⑥クライマー。なにごとも前向きなのだが、①②と決定的に違うのは、組織の利益ではなく、自分の利益を重視していることだ。

また、⑦ブロッカーは何でも否定するのですぐにわかる。

③スケプティックも懐疑的で安定志向だが、⑦と違うのは基本姿勢が前向きな点だ。

法人営業では、モビライザーを見極め、効果的にアプローチしよう。

【貧す人】は、7タイプ全員の意見を聞いて収拾がつかなくなり、挫折する。

【稼ぐ人】は、**モビライザーの3タイプを納得させ、動かす**。その結果、他の4タイプはついてくるのだ。

法則
57

インパクトのある数字の法則

貧す人 見やすいように、**小数点は丸めよう**

稼ぐ人 真実を伝えるために、**小数点を入れよう**

顧客を購入に導くメッセージに必要な**3大要素**がある。

大義、実績、権威。

なぜこの3つが重要なのか？

顧客には、前の法則56で紹介したフォーカスすべき3つのタイプ、「モビライザー」がいて、それぞれが重視する要素が違うのだ。ティーチャーは**大義**を、ゴー・ゲッターは**実績**を、スケプティックは**権威**を重視する。

そして、この3つすべてをカンタンにカバーできる方法がある。

「数字」を使うことだ。

そのときにコツがある。

あえて**細かい数字を使うと信頼性とインパクトがアップ**するのだ。

【貧す人】は、キリのいい数字にしようと、数字を丸めてしまう。

【稼ぐ人】は、セミナー累計参加者を「5万人超」ではなく、「累計51,032人」とする。こうするだけで一気に真実味が感じられ、説得力が増すようになる。

もちろん、細かい数字をねつ造してはいけない。小数点以下も丸めず、実数をそのまま出すのだ。

「99%ピュアな石鹸」というと、残りの1%が妙に気にならないか？

また、「ホントに？」と疑いの気持ちが湧き上がってこないか？

これが「99・43%ピュアな石鹸」だとどうだろう？

製造過程にこだわり抜いてつくった感じがする（残りの0・57%にはほとんど意識が行かなくなる）。

同じように、「参加者の90%以上が満足」というと、なんとなく疑わしい気がするが、「参加者の91・3%が満足」というと、一気に真実味が増し、信頼感が高まる。

「顧客満足度80%」だと、残り20%はクレームなのかという気もしてくるが、「顧客満足度80・3%」だと、好意的な印象になる。

このように、【稼ぐ人】は、**実数を正確に表記する。あえて小数点以下まで書いて、数字のインパクトを増している**のだ。

法則
58

買わない人を見極める法則

貧す人 NOと言われないように粘る

稼ぐ人 NOを早く引き出す

NOを増やせば、YESが増える。

多くの人は、商品・サービスやアイデアを提案するとき、相手からYESをもらいたいと思う。だが、**これは逆。**

重要なのは、早めにNOを引き出すこと。

そもそも商品・サービスが受け入れられる＝売れる確率はかなり低い。

これは分母によって変わるが、一般的には100人中5人、つまり5％程度あればいいほう。だから、早めに買う5人を見つけ出し、その5人に時間を割くべきなのだ。

だが、**多くの人は、買わない95人に時間を使おうとする。**

【貧す人】は、「NOをYESに変えるのが営業の仕事。腕の見せどころ」と考え、95人に時間を使い、最も重要な5人を後回しにする。

その間に顧客は他社に行ってしまう。

【稼ぐ人】は、**買う5人に集中するため、買わない95人をすばやく見分ける。**そのため、いち早くＮＯを引き出すのだ。

例えば、一度メールを出して反応がなかった顧客に、再度アプローチする際に有効なのが次のフレーズ。

「YES／NOだけで結構ですので、ご連絡ください。もちろん、どちらのご返事でも、ありがたく承ります」

こう問いかけると、「ＹＥＳ／ＮＯの返事だけでいいということなので、メールしました」と返信があることが多い。

実は、この積み重ねで顧客との信頼関係が高まっていくのだ。

日本人の場合、ＮＯと言うと失礼に当たると思っている人が多い。

だが、これではかえって相手を困らせてしまうことになる。

率直にＮＯを伝えてみると、本当に必要なときにＹＥＳと答えやすくなり、裏表のない人間関係に発展する。

つまり**相手のNOを引き出すのは、相手にとってもいいこと**。

このように、ビジネスを通じて人間性を高められる側面があることを覚えておこう。

ステージ

3

強力なリーダーシップを現す

「コンパクトカンパニー」から「インパクトカンパニー」へ

さあ、いよいよピラミッドの最上階の冠に当たるステージ3だ。

ここでは、強力なリーダーシップを発揮できる法則を紹介する。


「あのー、神田さん。私は自分一人でビジネスをやっているので社員はいません。だからリーダーシップとか関係ないんですけどー」

という人もいるだろう。


では尋ねるが、**あなたは本当に一人だけでビジネスをやっているのか？**

連携が必要な関係者は一人もいないのか？

例えば、あなたが業務委託のライターをしているとしよう。

すると、委託元の会社でウェブデザイナーや広告運用を担当するデジタルマーケッターと連携するケースが出てくるはずだ。

それだけではない。今は個人事業として始めたばかりでも、事業が成長してくれば、法人化し、人を抱えることになるだろう。

もし今、起業したばかりで一人で仕事をしていても、**ビジネスが拡大してきたら、否応なく「チーム」を持つ**ことになる。

複数の関係者と仕事をするときに必要になってくるのが、**リーダーシップ**だ。

リーダーシップとは、「**人を動かす力**」のこと。

最初から事業を立ち上げた人は、すべて自分でやってきたので何でもできると思っている。

事実そうだろう。だが、**他人は自分と同じようには動いてくれない**。

そこで、人を動かす大変さに、深く苦悩することになる。

だが、心配はいらない。

プロローグで触れた「マーケティング・ピラミッド」に従い、厳選された法則を唱えていくだけで、強力なリーダーシップを発揮できるようになる。

ここで覚えておいてほしいことがある。

経営者という生き物は、**マーケティングを極めていくと、必ず社会課題解決に向かう**ということだ。これは25年以上にわたり、数万人の経営者を見てきた私の実感だ。

マーケティングの本質は、

「**必要な価値を、必要な人に届け、必要な変化を起こす仕組みづくり**」。

そう、変化=変革を起こすのだ。

それは、人生変革にも、社会変革にもつながってくる。

そして、あなたの事業も、やがて社会課題を解決する方向に行くだろう。

「いやいや、神田さん。小さな会社でそんな大それたことが、できるわけないじゃないですかー」

もちろん、あなた一人で社会変革ができるとは言っていない。

１つの事業が、１つの社会課題の一部を解決する。そして、そんな事業がたくさん出てくることで、大きな社会課題の解決につながっていくのだ。

小さな会社を
「コンパクトカンパニー」
と考えていると、大きな変化は起こせない。

だが、会社は小さくても、その事業は社会に影響力（インパクト）を与える
「**インパクトカンパニー**」
と考えることで、
1つずつの事業は小さくても、
社会をより良い方向に導く影響力を発揮できるのだ。

法則
59
変化と勇気の法則

貧す人 こんなことは、あってはならない

稼ぐ人 そうか！　これは面白くなってきたぞ

　ある営業マネジャーの話。彼は一流企業の出世コースにいた。ところが、ある日突然、降格させられた。売上が急激に落ち込んだために、一番目立って活躍していた彼が犠牲になったのだ。異動先は、会社の吹き溜まりのような部署。

　エリート社員が、ある日突然、窓際に……。

　誰もが会社を辞めると思った。

　しかし彼は、これを「チャンス」と捉えた。

　今まで上司への根回しに使っていた時間を、デキの悪い部下たちに費やした。一人ひとりと真剣に関わった。そして業績の落ち込んだ部門を成長させ、自らのマネジメント力を磨いた。結果、どうなったか？

　商品も、価格も、サービスも変わらず、会社からも一切サポートが受けられないにもか

かわらず、彼の部署の売上は**今までの3倍**へと躍進した。

彼は、過去にこだわらず、変化を受け入れ、どんな環境であれ、今いる場所で自分の才能を提供することに努めた。

その結果、今までの自分の枠を越え、飛躍し続ける力を発揮したのだ。

【貧す人】は、どうしても変化を受け入れられない。

「ボーナスが下がった。こんなことは、あってはならない」

「新しい上司は私の能力がわからない。こんな上司は必ずダメになる」

「ライバル商品の品質は最低だ。よくあんなものが売れるな」

と文句ばかり言っている。

【稼ぐ人】は、**一切文句を言わずに、変化に立ち向かう。**

どんな境遇であれ、目の前の状況で自らの才能を活かす方法を考え、最善の一歩を踏み出すことに集中する。

「**変化の先にある、大きなチャンスは何か？**」と行動を通して考える。

結果は、何よりも雄弁にあなたの実力を語ることを知っているからだ。

「沈黙は金なり」というが、口を閉ざしているだけでは、金にならない。

口を閉ざして、成果を挙げる覚悟があってこそ、チャンスを引き寄せ、金を生むのだ。

法則
60

桃太郎の法則

貧す人
どう言っても、あの人には**伝わるはずがない**

稼ぐ人
こう言えば、あの人は**まわりに伝えてくれる**

あなたのアイデアが大きく開花するには、多様な価値観を持つまわりの人たちが協力してくれるよう、小さく実践しながら、アイデアを調整・改善していくことが大事。

【貧す人】は、思いつきを自分視点で伝える。そして「どうせわかってもらえない」と文句ばかり言っている。

【稼ぐ人】は、**組織では異なる役割を持つ人たちが、異なる視点で業務に集中していることを知っている。**

相手目線で伝え、相手の関心に応えられるプロジェクトに育てるのだ。

そのためには、昔話「桃太郎」に出てくるキャラクターに話しかけるように言葉を選ぶといい。一見すると、桃太郎と会社は関係ないように思うだろう。

だが、会社で働く同僚を「桃太郎」のキャラクター「**桃太郎**」「**イヌ**」「**サル**」「**キジ**」**の**

4者に分けてみると、誰にとっても伝わりやすいメッセージを発信できるようになる。

「桃太郎」は、リーダー＝起業家・経営者。「イヌ」は、桃太郎をサポートする実務者。

「サル」は、ルールを決めるのが得意な管理者。「キジ」は、人間関係が得意な調整役だ。

これら4者＝4方向それぞれに適した言葉を使い分けていくのだ。

「社長（桃太郎）」には、目的＝WHYを伝える。

「なぜ、そのアイデアを実行する必要があるのか？」がわからないと起業家は動けない。

「実務者（イヌ）」には、具体的な内容＝WHATを伝える。

「具体的に何をやるのか？　スケジュールは？」という実務的な話だ。

「管理者（サル）」には、やり方＝HOWを伝える。

「どんな作業が発生し、予算はどれくらいかかるか？」が管理者の知りたい情報だ。

そして、**「統合者（キジ）」には、人＝WHO**を伝える。

「誰がやるのか？　どんな配置にするか？」といった人間関係の問題だ。

このように、相手のタイプによって、有効な説得の言葉は変わってくる。

そして、**異なる立場の人たちにアイデアが理解されると熱を帯び、現実味を増してくる。**

これはアイデアに**命を吹き込む作業**。

アイデアを思いついた人だけに与えられる特権なのだ。

法則
61

戦略3分の1の法則

貧す人 すべてをやりきります

稼ぐ人 うちの強みは○○です

ある人気ラーメン店で、新入りスタッフが来店客に水を出したところ、店主が毅然とした声で叱った。「うちは600円で、おいしくたらふく食べてもらう店なんだから、水はお客様に自分で入れてもらうんだ。水を出すのは、もっと高い店!」

この店主は、企業文化が業績に与える影響をよく理解している。

会社の戦略は3つしかない。

■「**創造**(**イノベーション**)**戦略**」

■「**効率**(**エフィシェンシー**)**戦略**」

■「**顧客**(**ホスピタリティ**)**戦略**」

このラーメン店が採っているのは「効率戦略」。創業時からメニューは変わらず、改装もせず狭いまま、伝統の味を出し続ける。学生街にあるため、学生に負担がないよう値段は安く、いつも行列だ。

もし、「創造戦略」であれば、ラーメンだけではなく、オリジナルメニュー開発が会社の文化となり、話題性を武器に集客することになる。

「顧客戦略」なら、丁寧に接客し、顧客の顔を覚え、ポイントカードを発行し、雨の日に顧客の忘れものに気づけば、自分は傘をささずにまっしぐらに顧客のもとへと走る。

【貧す人】は、会社方針の中に、創造戦略、効率戦略、顧客戦略すべてを取り入れようとする。

しかし、この3つの戦略は、それぞれまったく異なる資質を持つので、すべてを同居させられるのは社長だけ。他の社員は、利害関係がぶつかり合い、会社は硬直化する。

しかも、3つの戦略のどれかに特化したライバル社が現れると、必ず顧客を奪われる。

【稼ぐ人】は、戦略をたった1つに絞る。

「3つの戦略のうち、自社はどれに秀でているのか」と自社の優位性を見極め、フォーカスする。

社長に創造性があるからといって、会社全体が創意に満ちているわけではない。

顧客対応にすぐれていたり、効率化が得意だったりまちまち。

社長の強みと、会社の強みは異なることを理解することから、会社は強くなり始める。

法則
62

ハリウッド式紹介の法則

貧す人 人を、カンタンに紹介する

稼ぐ人 人を、ドラマチックに紹介する

あなたは人を紹介するとき、どのような言い方で紹介しているだろうか?

講演会やセミナーでは、司会者が登壇者を紹介するが、残念なことにドラマチックな印象がなく、イマイチパッとしないことが多い。

【貧す人】の紹介は、例えば、こんな感じ。

「では早速、今日の講演者、神田昌典さんをお迎えしたいと思います。神田さんは、〇〇や〇〇など数々の実績をお持ちです。ではみなさん、盛大な拍手をもってお迎えください」

どう? たいてい、こんなパターンだ。うーん、これじゃテンションは上がらない。

【稼ぐ人】になるために覚えておきたいのが、次の「**ハリウッド式紹介の法則**」だ。

「これから紹介しますのは、＊＊でありながら＊＊であり、
その結果、＊＊をはじめとした、

数々の偉業を成し遂げた(肩書き)、○○さんです！」

自分の例で申し訳ないが、先ほどの私の紹介を「ハリウッド式」に変えるとこんなふうになる。

「今日お迎えしているゲストは、世界で活躍するトップマーケッターでありながら、１００冊以上の著書がある作家でもあります。

マーケティング分野だけでなく、イノベーション教育に関しても、すぐれた実績を発揮していらっしゃいます。そして、その活躍の秘訣である、日本発の革命的な思考法、フューチャーマッピングの開発者。

こう言えばもうおわかりでしょう。それではみなさん、盛大な拍手をもってお迎えください。日本一のマーケッター、神田昌典さんです！」

ポイントは、**最初に名前を言わない**こと。しっかりと相手を「ティーアップ」(持ち上げる) しつつ、**とにかく、溜めて、溜めて、最後にドーンと出す**。これは、あまりやる人がいないので、こう紹介されると、会場も紹介された側のテンションも同時に上がるわけだ。

私は「ダントツ企業マーケティング実践セミナー」という各界の著名人との対談を25年以上続けているが、対談相手を紹介するときは、いつも「ハリウッド式紹介の法則」を使っている。あなたも、自分ならどのように紹介されたいか、考えてみよう。

法則 63

コアな6人の法則

貧す人 少ないお客様に消沈する

稼ぐ人 少ないお客様に感謝する

「神田さん、新規プロジェクト説明会の集客に苦戦しています。現在6名なので、なんとかあと20人は集めたいのですが……」

このように眉間にシワを寄せ、ツラそうな顔で相談されることがある。

【貧す人】は、予定人数が集まらないと、数字だけを見て「失敗した」と落ち込み、その後、もがき続けてしまう。

もちろん、ステージ1～2で学んだように、相手に届く文章に変えることで事態は改善できるが、文章が練り込まれているにもかかわらず、集客できない場合、【稼ぐ人】は別の可能性を考える。

例えば、説明会後のアフターフォロー体制がうまくできていなければ、顧客が集まれば集まるほど、問題が大きくなる。そこで今回の目的を「顧客にとことん満足してもらい、今後の発展のために顧客の声を集めること」と捉え直せば、実は既に最適な6人が集まっている可能性がある。

または、「集客難は表面的な現象であり、より根深い問題は社内の部門間で互いに協力できていないこと」と気づけば、この難局をあなたがリーダーシップを発揮する最高の機会に変えることができる。つまり**期待とは違う結果が出たときに「失敗」と捉えるのではなく、すぐれたビジネスモデルを築くために、不足している課題に取り組むチャンスと捉え直す**と、不思議とうまくいく。

失敗体験が、大成功へ向かうための最適な準備というわけだ。

あなたの**呼びかけに6人が応えれば、価値あるプロジェクトが始まる。**なぜなら経営者の話を聞くと、会社を立ち上げた当初の顧客数は、だいたい6人のケースが多いからだ。

その6人は今後のコアになる協力者であり、6人いれば役者はそろう。その6人と徹底的に関わり、彼らのニーズを満たせば、6人を60人に、60人を一気に600人にしていくことは十分可能だ。

集客数が足りないと嘆くのではなく、顧客名簿を見て、申込自体に感謝しつつ、「**彼らに最高の場を提供するには、何が必要か**」と考えてみる。

それが集客のみならず、ビジネスモデルをつくりあげる大きなヒントになるのだ。

法則
64

建設的アキラメの法則

貧す人 現実的に考えれば、ここが落とし所になる

稼ぐ人 未来から振り返れば、ここが突破口になる

プロジェクトは、一直線には成功しない。にもかかわらず、ほとんどの場合、予定通りにプロジェクトが進まないと、失敗とみなされてしまう。

例えば、「この仕事はこの期日まで」と、エクセルの工程表で管理されていたとしよう。もちろん、あなたは定められた日までになんとか仕上げようとするが、工程通りに進むことはほとんどない。

求められる仕事が創造的になればなるほど、うまくいかなくなる。進行中に無理難題が飛び込んでくるからだ。

こういうとき、新たな作戦を取り入れないと、プロジェクトは立ち行かなくなる。当初計画に固執するほど、成果は出なくなるだろう。

未来に価値あるプロジェクトであればあるほど、スケジュールの中盤から最終局面で、

八方塞がりの状況に陥る。

想定以上にレベルの高いプロジェクトに脱皮しようとしているからだ。

このようなとき、【貧す人】は、なんとか工程通りに進めるため、「現実的に考えよう」と呼びかけ、ある程度のラインで妥協する。

逆に、【稼ぐ人】は、**いったんプロジェクトの当初計画を手放す**。

蝶になる前に芋虫がサナギになるように、いったん当初計画自体から離れてみる。

そして、**プロジェクトが完成したときの最高の未来をイメージする**のだ。

「最高にハッピーになるためには、今、何をしたらいいか」と、自問してみよう。

そして短時間でいい。心底リラックスしながら、幸せに浸ってみる。恋人や家族と映画を観に行ったり、同僚同士で飲みにいったりするイメージでＯＫ。

すると……、突然、想定外の解決策がひらめいたり、思いがけない人から連絡が入ってきたりと、一気にプロジェクトが進み始める。

このように、**本当に価値を生むプロジェクトは、連続的ではなく、非連続的にできあがる**。

飛躍する前には、一度荷物を下ろさねばならない。

これは〝建設的なアキラメ〟だ。

法則

65

大縄跳びの法則

貧す人 できる！　絶対にできる

稼ぐ人 できないのは、おかしい

ある大阪の小学校に、すばらしい先生と児童たちがいる。

このクラスでは、大縄跳び（団体で行う縄跳び）で、１２６１回という「大阪府記録」をつくった。

いったいどうやって、子どもたちとともに大会新記録を達成したのか？

先生は、そのプロセスを記録するため、子どもたちに毎日、練習日記をつけさせた。

そして、後から振り返ってみると、大変面白いことがわかった。

「優勝したい」と、子どもたちが日記に書いていた段階では、目標達成できなかった。

「絶対に、優勝したい」と、書き始めた段階でも、同じだった。

ガッカリする子どもたちを前に、なんとか成功体験を積ませてあげたいと先生は考えた。

大会で優勝するには、１２００回以上跳ぶ必要がある。だが、それを目標にすると、失敗するたびに、子どものモチベーションが下がる。

そこで先生は、練習方法を工夫した。

「優勝するために、100回を200回跳べるようにしよう」と、目標を切り替えたのだ。

すると、連続して跳べる回数が増えるにつれ、子どもたちの自信が増していった。

日記を見ると、子どもたちの表現が変わってきた。

「1260回跳べないのはおかしい」「優勝しないのはおかしい」と書く子どもたちがクラス全体の3分の1を超えた。

そしてほどなく見事に、大会新記録！　優勝を勝ち取ったのだ。

このエピソードは、ビジネスリーダーにも大きなヒントをくれる。

【貧す人】は、「絶対にやる！」「やりきります！」と、自分やまわりを追い込むことで、結果を得ようとする。

【稼ぐ人】は、目標に向かって小さな行動を積み上げながら、「実現しないのは、おかしい」「成功しないなんて、ありえない」とつぶやく。

ポイントは、**成功イメージは全員に浸透しなくてもいい**ということ。全員を変えようとするのは、難しい。**3人に一人が、成功を確信したとき、現実は変わる。**

まずは、まわりの一人を、あなたのプロジェクトの味方にすることから始めよう。

法則
66

バカデカい目標の法則

貧す人 実現可能な目標を掲げる

稼ぐ人 大胆不敵な目標を掲げる

あなたの目標は小さすぎる！　もっと大きな目標を掲げてみよう。

「えー、神田さん、そんな絵に描いた餅では実現は難しいですよ」と思っているなら、それこそが成長を妨げている【貧す人】の思考だ。

大きな目標を掲げないから成長できないと肝に銘じよう。

大きな目標には2つある。「**BHAG**《ビーハグ》」と「**10X目標**《テンエックス》」だ。

ＢＨＡＧとは、Big Hairy Audacious Goal＝**社運を賭けた大胆不敵な目標**のこと。その分野で「絶対に無理」と笑ってしまうほどの目標だ。ＢＨＡＧの例は次の通り。

■ **スペースX**

「人類を多惑星種にする」

■ **グーグル**

「世界中の情報を整理する」

そして、10X目標の10Xは、グーグルが使っているもので、**目標として最初に決めた数字を10倍にする方法**だ。

実は、10倍目標を掲げるほうが、ずっとカンタン、しかも楽しく実現できる。

高い目標を掲げることで、今まで眠っていたリソースを再発見したり、また出会うべき人に、出会えるようになったりするからだ。

例えば売上1億円の目標なら、10億円にする。年収1000万円の目標なら、1億円にする。どうだろう。とても手が届きそうにないよね。

だが、それがポイント。

今の延長線で考えていると絶対に実現できないので、おもいきった施策を考えないといけない。結果、常識では考えられないアイデアが思いついたり、いろいろな可能性が見えてきたりして、モチベーションが高まる。

ところが、それを実行しようと、高い目標のまま始めると、今度は逆にモチベーションが下がる。

だからこそ、**【稼ぐ人】**は、**大きな目標を掲げながらも、実際には、節目、節目の達成目標を現実的にしたり、達成期間を2倍にしたりしてモチベーションを継続させているのだ。**

法則
67

見えない気づかいの法則

貧す人 梱包に商品を満たす

稼ぐ人 梱包は社会を満たす

「フルフィルメント」とは、商品を出荷する際の梱包作業を表すが、「心を満たす」という意味もある。

すなわち**梱包作業は、顧客満足に直結する非常に重要な仕事**なのだ。商品を送るとき、

【貧す人】は、商品パッケージだけにこだわる。

【稼ぐ人】は、商品パッケージだけでなく、**商品パッケージ自体を包み込むダンボール箱にもこだわる**。そのこだわり方は、3つある。

1つ目は、ダンボール箱にも自社のブランドイメージがしっかり表現されていること。同じ品質なら、顧客は最安値の会社から買うだろう（どの会社から買ったかは覚えていないことが多い）。そこで、あなたの会社が顧客の記憶に残るよう、広告、ウェブ、商品パッケージ、梱包箱すべてを、一貫したブランドイメージにする。広告とウェブページを統一デザイン

にするだけで、成約率がグンと上がる。**ブランドイメージを統一すると、リピート率も引き上げられる**。

2つ目は、箱の中身である。商品・納品書だけではなく、**顧客へのお礼のメッセージ**が有効だ。ある会社は『梱包通信』というニュースレターを箱の中に入れた。これは梱包作業を行う社員が倉庫で楽しく働く様子が描かれた手づくり新聞。はじめは季節の挨拶程度だったが、徐々に子育ての苦労話やペットの写真などを掲載した。さらには在庫状況を計算しながら、お勧め商品の紹介や、キャンペーン案内をした。すると目に見えて、再受注が増え始めた。

3つ目は、梱包を送り届ける**配送業者への気づかい**だ。

「大切なお客様への商品が入っています」「いつも丁寧な配送ありがとうございます」というシールが貼られた箱を見たことがあるだろう。倉庫で梱包した人から商品を手渡す配達員への感謝とねぎらいの言葉が伝わってくる。このように、**顧客からお金を受け取る瞬間だけでなく、顧客が商品を手にするまでのプロセス全体に気を配ってみよう**。

どんな見えない気づかいをすれば、関係者すべてが応援・協力してくれるようになるか？

フルフィルメントとは、結局、社会全体を満たす作業でもあるのだ。

法則
68

カスタマーサクセスの法則

貧す人
〝**売るまで**〟努力しよう

稼ぐ人
〝**売ってから**〟努力しよう

「カスタマーサポート」という言葉は、よく聞くだろう。

だが、もはや〝サポート〟だけでは十分ではない。これからは「**カスタマーサクセス**」を徹底すべきだ。

つまり、「**お客様の成功を実現する**」**というレベルにまで、ビジネスは進化しなければならない**。実際、日本でも、「カスタマーサポート部」の代わりに、「カスタマーサクセス部」をつくる会社が増えている。

いったいなぜ、「カスタマーサクセス」が重視されるようになったのか？

それは、ＩＴ業界で「カスタマーサクセス」によって事業モデルの成否がはっきり分かれたからだ。

少し前、アメリカのアプリ業界では、「フリーミアム」という売り方がさかんだった。

無料でアプリを提供し、できるだけ多くのユーザーに商品を試してもらい、その後、有料プランに移行してもらう方法だ。

ネットで無料配布できるものがある会社は、一斉に「フリーミアム」を実践。売上が立たなくても、大量のユーザーを確保し、短期間で上場を目指した。

しかし、このフリーミアムにより事業が大きく育った会社には、ある共通点があった。

それは、いたずらにユーザー数を確保することより、初期段階で少数のユーザーを徹底的に満足させ、彼らが望むことを成功させたという点だった。

つまり**成功したユーザーがコアにいなければ、どんなに無料ユーザーが増えても、売上は立たない**ことが判明したのだ。

最近では、「カスタマーサクセスマネジャー」を置く会社も増えている。

また、カスタマーサクセスマネジメントツールも、数多く見られるようになった。

サポートからサクセスへの流れは完全に根づいている。

「**顧客の成功が、私たちの成功です**」

「**満足だけでは満足できない。提供するのは、結果です**」

【貧す人】が多い会社では、決して見られない光景だが、

【稼ぐ人】が多い会社では、こんな言葉が社内にあふれているのだ。

法則
69

利益を手放す覚悟の法則

貧す人
「**利益**」を得るために、「**責任**」は忘れよう

稼ぐ人
「**責任**」を果たすため、「**利益**」を手放そう

「Don't Buy This Jacket」（このジャケットを買わないで）

アメリカの衣料品メーカー「パタゴニア」は、新聞広告で自社商品であるジャケットの写真とともに、こんなコピーを掲載した。「自社の商品を、買わないでくれ」と訴えたこの広告は、大きな反響を呼んだ。

なぜ、パタゴニアはわざわざ自社の損失になるようなメッセージを打ち出したのか？　**企業責任を果たす決意を表明**するためだった。彼らは、環境を守るためにムダな消費を抑えるべきだと考えていた。まだ着られる服を、シーズンが変わったからといって買い替えたり、修繕すれば長持ちする服を捨てたりしてしまうのが許せなかった。

それらは彼らの企業ミッションである「ビジネスを手段として環境危機に警鐘を鳴らし、解決に向けて実行する」こととと相容れなかったのだ。

似たような広告メッセージは、日本にもある。「仕事を大切に、転職は慎重に。」という転職サイト・エンジャパンの広告だ。

転職してもらうと彼らの利益になるが、それを手放してでも、「転職者の人生を守る」という社会正義をアピールした。これは、ただ目を惹くキャッチフレーズではない。一貫した行動によって言葉が裏づけられている。エンジャパンの広告は、企業（＝広告主）のいい面を表現するだけでなく、正直に会社を描く取材というスタンスを取っている。

パタゴニアも、エンジャパンも、**利益を手放す決意で、責任を表明したことにより、社会的な知名度と高い評価を獲得**した。

【貧す人】は、社会正義を語っているのに一向に実践しないが、

【稼ぐ人】は、**利益を手放してでも、社会正義を実践**する。

だからこそ、会社の評価が高まり、不動の地位を獲得する。

「◯◯を買わないで」「◯◯は慎重に」――この空欄を埋めるあなたの言葉は、何だろう？

利益を手放してでも、言行一致を貫くことをあなたが決意した瞬間こそ、あなたが社会で評価され始めるときだ。責任を明確化するのは、とても面倒なことだと思われるかもしれない。だが、責任を背負い始めると、強い絆で結ばれた仲間が徐々に増えていく。

あなたが責任を背負うことは結局、あなたを孤独から解放するのだ。

法則

70

ブランド＝ファン数の法則

貧す人

ブランドになるために、**カッコいいロゴ**を

稼ぐ人

ブランドになるために、**多くのファン**を

一流クリエイティブ・ディレクターに依頼すると、企業イメージを刷新する戦略やロゴデザインなどのコストはおよそ1億円。それを、テレビCMをはじめとした広告で一般に普及させていくには、さらに数億〜十数億円もの予算がかかることもある。

こんな話を聞くと、小さな会社がブランドをつくるなんて絶対無理だと諦めてしまう。

しかし、ブランドは自然に育っていくもの。

なぜなら**ブランドとは、印象に残るロゴマークでもテレビCMでもなく、ファンの数によってつくられ始める**からだ。

仮に、あなたに100人の熱心なファンがいたとしよう。彼らは、値引きなしで商品を買ってくれ、あなたが勧めるものは疑いもなく良いものだと信じている。

つまり、その100人の中では、あなたの会社は既に立派なブランド。立派なロゴやお

しゃれなウェブサイトの有無は関係ない。毎日行列ができるラーメン店が全国に名だたるブランドになるように、**「ブランド＝のれん」**ではなく、**「ブランド＝ファンの数」**なのだ。

ファンを集めるプロセスは、宗教に似ている。宗教が信者を集めるために、バイブルを配り、十字架をつくり、教会で儀式を行うように、会社はパンフレットや小冊子を配り、ロゴマークをつくり、安心できる社屋でイベントを開催する。

その結果、顧客同士がつながり合い、コミュニティとなり、さらに仲間に呼びかけ始める。この自然な流れで、会社は強力なブランドになっていくのだ。

このように、ブランドとは、ロゴマークという目に見えるものによって築かれるのではなく、**顧客との日々の接触という目に見えない積み重ねによって輝いていく。**

だから、事業を営む上で大切なのは、顧客や取引先がどんなコミュニケーションに価値を感じ、どんな活動に信頼を寄せてくれるのか、しっかりと頭に思い描いておくことだ。

【貧す人】は、まず、ロゴマークをデザインしてしまうが、

【稼ぐ人】は、まず、**会社への信頼を育てるプロセスをデザインする。**

そして集まったコアな顧客のニーズを深く理解した後、求心力のあるシンボルとしてロゴマークをつくるのだ。

ロゴにお金をかける前に、人にお金をかけなければならない理由が、ここにある。

法則 71

断固拒否の法則

貧す人 ○○について、議論しよう

稼ぐ人 ○○について、阻止しよう

「私たちは気候変動について、議論したいのではありません。阻止したいのです」

こんな強烈なメッセージを、会社案内に掲載する企業がある。そう、あのアップルだ。

「**拒否する**」「**阻止する**」という言葉は、強烈な意志を表明し、望む現実に向かって行動を奮い起こさせる。だから、**企業姿勢を打ち出す際には、非常に効果的**だ。

「当社の使命《ミッション》は、動物の保護であり……」というより、「当社は、動物実験を断固拒否します」のほうが社内外に決意が伝わる。また、「サラリーマンの暮らしを支えます」ではなく、「消費税増税を阻止します！」と表現すれば社内外ともに印象に残り、社員は意志を持って行動する。

企業理念のある会社は多いが、そこにある文章は、「私たちは地域社会で愛される存在になります」「すべては顧客満足のために」などでほとんどは他社のマネ。自らの内面か

らほとばしる言葉で使命感を伝え、一貫した方針を示せる会社は極めて少ない。

企業理念が伝わらないと、社員は働く意義を見出せず、企業理念と社員の行動がチグハグだと、顧客に応援されるどころか、離れていってしまう。言葉の力は、あまりにも偉大だ。

使命感を表明するとき、深く考えないで言葉を選んでも何も始まらない。

だが、**リーダーの内面を映し出す言葉を忠実に選んだとき、それは強い意志となり、一貫した行動を生み出していく**。

【貧す人】は、手垢のついた言葉で使命感をとりあえず表明するが、

【稼ぐ人】は、**内面からほとばしる言葉で使命感を堂々と表明**する。

これは、個人の仕事にも当てはまる。自分のミッションを明確に表現できる人には、どんなツラい仕事でも、忍耐強くやり抜く意志が宿る。私が参加した教育関係のミーティングで、ある学校の先生が声を荒げて言った。

「私は、子どもたちが嫌がっているのに、意味なく繰り返し教科書を覚えさせるような退屈な授業を絶滅させたいんです！」

あなたが、絶滅させたいことは何か？　断固拒否する、もしくは阻止することは？

言葉の力によって明確になった、あなたの**使命感を世界へ発信することで、会社は強力な世界変革エンジンになっていく**のだ。

法則
72

シンプルルールの法則

貧す人 誰もが納得する、正しいルールをつくり込もう

稼ぐ人 誰もができる、カンタンなルールから始めよう

どんなに良い商品を開発し、マーケティングに長けていても、**すぐれた組織がなければ、会社は成り立たない**。それをつくる一番の早道は、「**クレド**（行動規範）」をつくることだ。

クレドとは、自社の理念を社内に徹底し、誰もが同じ行動を促すためのルール集。有名なのが、高級ホテル「ザ・リッツ・カールトン」によるもの。同ホテルの社員は、20項目に及ぶルールを一枚のカードにまとめ、携行することが義務づけられているという。その内容は非常に具体的であり、読んだだけでも、すべてのビジネスパーソンの学びになる。

例えば、電話応対については――「電話応対エチケットを守りましょう。呼出音3回以内に、『笑顔で』電話を取ります。お客様のお名前をできるだけお呼びしましょう。保留にする場合は、『少しお待ちいただいてよろしいでしょうか？』とおたずねしてからにします」といった具合だ。

20項目には、苦情処理、館内案内をはじめ業務に関する具体的な応対法や、ホテルの中だけでなく外にいるときの心構えについても記されており、一人のビジネスパーソンとしての成長を促す、すばらしい内容となっている。

このようなルールは、たった数項目のカンタンなものでも、大きな効果を発揮する。

グローバル規模で社長が集う組織「YPO（ヤング・プレジデンツ・オーガニゼーション）」では、**3〜5項目に絞ったシンプルルールを徹底するだけで、収益が20〜50％も改善する企業が続出**した。

一例を挙げると、あるレストランでは、メニュー選択について検討した結果、「翌週のメニューは、水曜昼までに決定すること」「5品のうち3品は過去に売れたメニューにすること」「90％の野菜と果物は地元産であること」というシンプルルールを導入した。結果、数か月後には売上が30％、収益は倍増した（【出典】『SIMPLE RULES —— HOW TO THRIVE IN A COMPLEX WORLD』（Donald Sull + Kathleen M.Eisenhardt著、Harper Business））。

【貧す人】は、規範がないので、いつまでも個人の力にとどまる。

【稼ぐ人】は、**規範をつくるので、すぐにチーム力を発揮する。**

あなたの仕事で大切にすべきシンプルルールとは、いったい何か？

ルールがなければ、誰もが参加できるゲームにならないのだ。

法則
73

PDCAよりT《テ》E《フ》F《カ》C《ス》ASの法則

貧す人
PDCAを実行しようとして、つまずく

稼ぐ人
TEFCASで、まず実行する

PDCAのサイクルを回すのは大事なことではある。だが、
P（計画）ばかりで、
D（実行）が遅れがちになることがよくある。
【貧す人】は、最初の段階のPLAN＝計画を立てる段階でムダに時間を使ってしまい、一向に前に進まない。ひどい場合には、「計画倒れ」になってしまう。
慎重に進めるのは大切だが、【稼ぐ人】は、**まず、D（実行）する。**
そこで、PDCAサイクルの欠点を改善した手法が、「**T《テ》E《フ》F《カ》C《ス》AS**」だ。
T＝トライ・オール（すべてを試す）
E＝イベント（起こったことを眺める）
F＝フィードバック（結果を受け取る）

C＝チェック（確認する）

A＝アジャスト（調整する）

S＝サクセス（成功する）

TEFCASの場合は、トライ・オール＝すべてを試すということで、**まずはいろいろな選択肢を試してみるところから始める**ので、行動しやすい。

私はこのTEFCASを、マインドマップの開発者であり、脳と学習の世界的権威であるトニー・ブザン氏から教わった。

そして、彼はこうも言っていた。

「**TEFCASは、実はTから始まるのではない。S＝サクセスから始まる**」と。

成功をイメージして、自分がどのような理想的な状態にあるのか、どのようになっていきたいのか、どのようなことができるようになっているのかをイメージしてから、すべてを試す。

これはスポーツや楽器の演奏で考えてみるとわかりやすい。

まず成功をイメージし、とにかくやってみる。そこで起こったことを観察し、フィードバックを受け、チェックし、調整する。さらにうまくいくという流れになるわけだ。

考えることは重要だが、**まずやってみて、それから考える**ようにしてみよう。

法則74

エレガントな別れの法則

貧す人 離れる顧客を、なんとかつなぎ止めよう

稼ぐ人 離れる顧客とは、さわやかに別れよう

ビジネスが拡大してくると、社員や仕事上のパートナーと別れざるをえなくなることがある。今まで苦楽をともにしてきた仲間との別れはツラいものだ。

しかし、**新しいステージに向かう前には多くの場合、人間関係の側面でクラッシュ（破壊）が起こる。**

事業を立ち上げて4年目に起こることが多いので、「**4年目の試練**」とも呼ばれている。人間関係が変わるときには緊張感が走るが、それがその後の大ブレイクに発展していくから心配いらない。

結局、どう抵抗しようとも……、

世の中は同じスピードで進む人同士が集うことになる。スピードが違うからぶつかり合うのだ。

だから、それぞれ別の道に進むほうがうまく回り始める。

それは、あなたが手を下さなくても、結局、自然の流れでそうなる。

「**また別の機会に、ご一緒できますことを楽しみにしております**」

と、無理に抗おうとせず、自然の流れに任せよう。

社員との関係だけではなく、顧客との関係も同じ。

長年、あるいは親子など世代をつないでファンでいてくれるありがたい顧客もいるが、それは極めて稀なケース。

通常は、どんなに熱が高くても、時間の経過とともに熱は冷めていく。顧客から別れ＝解約を切り出されたら……、

【貧す人】は、すがるように引き留めるが、引き留めたとしても、去っていくものを止めるのは難しい。それどころか、未練たらしくすることで、逆に悪印象につながり、再会（再開）の可能性もなくしてしまう。

【稼ぐ人】は、**解約はできる限りカンタンなステップにして、エレガントに別れる。**

その際に、ひとこと入れるお勧めのフレーズは、

「**どのような点が改善されれば、再度ご利用／再活動／再開を検討されたいですか？**」

これで、未来に可能性を見出すことができる。

法則
75

表裏一体の法則

貧す人
革新をもたらすのは、**自由**である

稼ぐ人
革新をもたらすのは、**管理**である

「革新《イノベーション》」を目標に掲げる会社が増えている。

多くの人は、多様性に富む人材を集めてフラットな職場をつくり、時間にとらわれない自由な働き方を取り入れれば、枠を越えた創造的なアイデアが生まれ、革新的なビジネスが始まると考えている。

確かに、これらは革新を生み出す上で大切だが、私の観察によれば、それ以上に絶対になくてはならない要件がある。ズバリ「**管理**」だ。

エッ？　と思われるかもしれない。だが、**管理なしの革新はない**のだ。

私の例でいうと、締切がなければ本の原稿は一生書き終わらない。さらにページ数の制限、読者からの期待といった「制約」を課せられて初めて「独創性」にチャレンジできる。

自分自身を時間的にも空間的にも、窮屈で孤独な書斎に閉じ込めるからこそ、その枠を越える爆発的なエネルギーがあふれ出てくるのだ。

「革新と管理は、表裏一体」という知識は、リーダーシップを取る人にとって、大きな価値を生む。なぜなら、革新を強調する人と管理を重視する人同士は、水と油。一般的には折り合いにくいが、革新と管理の緊張感を活かしながら仕事を進めていければ、顧客に商品を届ける際に、次のような説得力のあるキャッチコピーを使えるようになるからだ。

「当店の職人は、5年かかって初めて一人前」

「100回以上の検査をクリアしたものだけが、初めて商品となります」

このように、シビアな管理体制を顧客にアピールすることで、あなたの会社の信頼性は確実にアップする。そうすると、社内では、顧客との約束を守るよう、様々な部署が協力し合うようになる。

【貧す人】は、社内の緊張を避けることで、中途半端な価値を顧客に届ける。

【稼ぐ人】は、**社内の緊張すらも、顧客に価値を届けるために活用**する。

こう考えると、管理体制の強化が革新性や創造性をつぶすのではない。

実は、顧客視点の欠如、顧客から乖離してしまうことこそ、革新性や創造性をつぶすのだ。

顧客にフォーカスしている限り、管理は創造力を高め続ける。

法則
76

指標と率の落とし穴の法則

貧す人 指標だけで判断する

稼ぐ人 指標のウラの実態を見て判断する

ＫＰＩ（重要業績評価指標）を設定し、日々トレースするのは経営に必須。だが、気をつけたいのは、運用するにつれ、徐々に**指標＝そこに見える数字にしか目が行かなくなる**ことだ。

マーケティングの指標＝数字の背後には、必ず顧客が存在する。

しかし、デジタルマーケティングで指標管理をやっていると、【貧す人】は、顧客を単なる数字と見てしまう。一人ひとりの顧客ではなく、「数字の集合体」と捉えてしまうのだ。

代表的な指標にＣＶＲ（コンバージョンレート＝成約率）がある。１０００人のうち20人が購入したとすると、ＣＶＲは２％だ。

多くの人は、２％が２・１％になっても、20人が21人になっただけと捉え、あまり気にしないだろう。

しかし、その21人は果たして、前の20人と同じ顧客なのか？　もしかすると、20人のときは半数以上が50代だったのに、今回は20代が過半数という可能性もある。

そのような**構造的な変化が起こっていても、指標しか見ていないと、まったく気がつかない。**

次によくあるのが、率を指標にするあまり、**「絶対数」に目が行かなくなる**ことだ。

先ほどのＣＶＲでいうと、１０００人中20人が購入した場合でも、５００人中10人が購入した場合でもＣＶＲは２％。率しか見ていないと、ＣＶＲ２％で「変化なし」と判断してしまう。だが、このとき、売上は半減している。

ＣＶＲだけでなく、開封率、クリック率など、率は分母と分子から成り立っているので、分母と分子の**絶対数**にも気を配る必要がある。

「えー神田さん、そんなにいろんな数字を見ないといけないなら、ＫＰＩの意味がないじゃないですかー」

ただ、いつも見ている必要はない。率をトレースしているなら、定期的に分母分子の絶対数もチェックしてみよう。

そうやって**指標のウラに隠れている〝顧客の実態〟を把握し、次のアクションにつなげていく**のが優秀な管理者であり、【稼ぐ人】なのだ。

法則
77

シンプルな交換の法則

貧す人 社内の業務プロセスをシンプルに

稼ぐ人 顧客の注文プロセスをシンプルに

自社サイトなどでの**購入決済の瞬間は、できる限りシンプルにすべきだ**。

どんなに魅力的な商品をつくり、顧客にインパクトのあるメッセージを送っても、購入時の申込手続きが面倒だと、売上は激減してしまう。

自社サイトのカートに商品を入れたまま、買わずに去ってしまう離脱率は平均25〜30％もある。

リアル店舗で考えると、買い物カゴを持ってレジに並んだのに、あまりの行列で帰ってしまった人が10人中2〜3人もいる計算だ。

実にもったいない。

また、次回の買い物に便利なように会員登録してもらっても、パスワードを忘れる率（パスワード・リセット依頼率）は約40％。

これもリアル店舗に当てはめると、再来店客の10人中4人が、入口がわからず帰ってしまうわけだ。

ウェブが浸透することで、売り手も買い手も24時間365日、売買できるようになったが、顧客側も、PC、タブレット、スマホなどで様々な画面サイズがあり、情報を受け取る際にも、ダイレクトメール、メルマガ、フェイスブック、X(旧ツイッター)、LINE、電話などいろいろある。

こうした激変するメディア環境に配慮しながら、顧客に対して商品・サービスのラインナップをシンプルにするには、もはやマーケティング担当者一人では対応できない。

顧客サービスにイノベーションを起こすには、社内の緊密な連携がどうしても必要だ。

そこで、あなたに考えてほしいのは――

「**顧客からわずらわしさを完全に取り除くには、どうすればいいか？**」

という問いだ。

【貧す人】は、社内部署内の利害関係に気を配り、顧客に複雑なサービスを強いる。

【稼ぐ人】は、**社内部署間の連携に気を配り、顧客にシンプルさを提供する。**

顧客がお金を払う瞬間、商品の品質より真っ先に感じるのは、あなたの会社にチームワークがあるかどうかなのだ。

法則
78

パワーイメージ共有の法則

貧す人 オンライン会議の背景は、きれいな画像にしよう

稼ぐ人 オンライン会議の背景は、パワーイメージにしよう

リモートワークが当たり前になったことで、多様な人材を集めやすくなった。同じ会社のメンバーだけでなく、協力会社のメンバーやフリーランス、副業人材など、多くのメンバーが1つのプロジェクトに参画する機会も増えている。

そのメンバーは各分野のプロフェッショナルなので、高いスキルを持っている。

だが、しっかりとしたマネジメントができていないと、チームはバラバラになってしまう。

コロナ以前は、出社後、一緒にランチをして仕事をするのが当たり前だった。

だが、リモート環境では、それぞれが自分のペースで仕事をする。だから、メンバー全員が同じ方向に向かっているのかどうか、社長や管理職は確認しにくい。

チームメンバーを同じ方向に導くために、オンライン会議の背景画像を、

【貧す人】は、できるだけきれいなものにしようとするが、
【稼ぐ人】は、**「パワーイメージの画像」を共有**する。

パワーイメージとは、見るだけで不思議と力が湧き出してくる画像のこと。

想像してみてほしい。オンライン会議でプロジェクトメンバーが集まったとき、みんなの背景画像が同じで、それはプロジェクトが大成功したときのイメージ画像だ。

パワーイメージを背景画像に設定すると、会議をするたびに全メンバーのやる気が高まり、自然とそこに意識が行くようになる。

このように、**象徴をコントロールすることが、これからのリーダーには必要**だ。

これは、リーダーだけでなく、チームを持っていない個人レベルにも当てはまる。

今、自分がワクワクしながら取り組んでいるイメージを背景画像にするだけで、自然と気持ちが高揚してくる。

イメージはフォーカスを助ける。

そして、全員が納得するテーマを1つのイメージで表現できたとき、そのイメージがメンバー全員にパワーをくれるのだ。

よくスローガンやキャッチコピーが入った名刺を背景画像にしている人もいるが、これも有効だろう。

法則
79

アップサーブの法則

貧す人 もっと〝買って〟もらおう

稼ぐ人 もっと〝満足して〟もらおう

ほんのちょっとの工夫で、売上を上げるシンプルな方法――それが**クロスセル**だ。よく知られた例に、マクドナルドの「ご一緒にポテトはいかがですか？」がある。いわゆる「ついで買い」を誘う方法だ。

どの会社にも、クロスセルは絶対に必要。クロスセルの結果次第で、事業が採算ベースに乗るかどうかの分岐点になることが多いからだ。

例えば、あなたが化粧品を販売しているとしよう。顧客一人を集める広告コストが８００円かかる場合、利益を上げて広告コストを早めに回収する必要がある。

化粧水が１本売れたときの利益を１０００円とすると、８回買ってもらった後に、ようやく広告費を回収できることになる。

言い換えると、少なくとも８か月間は完全に赤字となる（顧客の購入は月１回と仮定）。

ここで「ご一緒に、いかがですか？」と美容液を販売したとしよう。

美容液が1本売れたときの利益を2000円とすると、今度は3回目の購入時から採算が合う。さらに1本売れたときの利益が3000円のクリームを販売すると、次回購入時から利益が出るようになる。このように、投資回収ができるまでの時期がわかってくると、会社の成長を一気に加速できる。数か月後には確実な利益が入るので、広告を出せば出すほど顧客もお金も集まるのだ。

【貧す人】は、「もっと買ってもらおう」という気持ちが出すぎて、顧客から疎まれる。

【稼ぐ人】は、**「もっと売る」ことではなく、もっと顧客に満足してもらうことを重視する。**

これが「**アップサーブ**」という考え方。サーブとは「奉仕」すること。だから、「アップサーブ」とは、顧客にさらなる奉仕をしようということだ。このように、考え方を変えるだけで、顧客にふさわしい、お勧め商品を提案できるようになる。

マニュアルに沿ったセールストークは一時的には売上に寄与するものの、購入後に後悔した顧客は離れていく。

一方、顧客のことをあれこれ心配し、顧客の幸せを自分ごととして捉えられると、顧客との間で話題にのぼる商品も多くなり、自然と購買単価は上がっていく。

これからは、「サーブ」を徹底する会社が顧客から選ばれるようになるのだ。

法則
80

チーム力を強化する顧客評価の法則

貧す人 顧客からの評価が良ければ、**打ち上げ**しよう

稼ぐ人 顧客からの評価をもとに、**戦略を実行**しよう

今、あなたの会社では、顧客からの評価制度があるだろうか?

もしなければ、今すぐ導入すべきだ。これからの時代、**会社内で顧客からの評価をうまく使いこなすと、大きな富を生む**からだ。

評価の使い方のコツは３つある。

１つ目は、販促の際、購入を後押しするときの**お客様の声**として、

２つ目は、商品品質を上げていく際の**フィードバック**として、

３つ目は、会社全体のチーム力を引き上げていくときの**戦略的指標**として活用する。

このように、**顧客からの評価をうまく使うと、売上、品質、チーム力の3つが同時に上がる。まさに一石三鳥の絶大な効果を発揮する。**

なかでも、これから最も重要になるのが３つ目だ。

これからの時代、ビジネスがもたらす価値は「**チーム力**」によって決まると断言してもいい。チーム力がない会社では、運営上、様々な領域でズレが生じるが、これは致命的。ネット上のバナー広告のデザインと、クリック後の購入サイトのデザインの印象が違うだけでも、購入率がガクッと落ちてしまう。

広告に限らず、**自社サイトで少しでも顧客がズレを感じると、すぐに離脱してしまう**のだ。

しかしこのズレを払拭し、サイト内で一貫性を保つのは容易ではない。今の時代、会社の利害関係者《ステークホルダー》があまりにも多様だからだ。社内には、正社員、契約社員、派遣社員、フリーランスなどがいて、社外にも、代理店、販売店、アフィリエイターなどがいる。

社内で一貫性を保つには、異なる立場の人たちをうまくまとめ上げる強力なリーダーシップが必要で、そのためには、**常に顧客からの評価の改善を目標としなければならない**。

【貧す人】は、顧客からの評価に星の数だけを見て、一喜一憂する。

【稼ぐ人】は、**「顧客からの評価は、今月どうだった？」とまわりの人たちに尋ね、社内すべての関係者を巻き込みながら戦略を実行する。**

会社を継続的に成長させる最善策は、顧客から目をそらさないようにするというシンプルな指標に集中することなのだ。

法則

81

アンケートの回答率アップの法則

貧す人 ここぞとばかり、アンケートの質問数を増やす

稼ぐ人 回答しやすいように、アンケートの質問数は必要最小限に絞る

顧客からの商品・サービスや会社全体に対するフィードバックを得るために、アンケートは不可欠だ。

しかし、アンケートは回答してもらえなければ始まらない。アンケートの回答率を上げるために、プレゼントを用意する場合もある。

だが、いくらプレゼントを用意しても、回答するのが苦痛になるようでは、良質な回答は期待できない。カギを握るのは、ズバリ**質問数**だ。

質問数が異様に多いアンケートも多い。回答しようと始めたはいいが、次から次へと質問が続き、嫌になってやめてしまった人も結構いるだろう。

【貧す人】は、アンケートに聞きたいことを全部詰め込もうとするが、果たしてその質問項目は、そんなに必要なのだろうか?

【稼ぐ人】は、**質問を必要最小限に絞る。**

次の質問があれば、たいていの場合、事は足りる。

質問1 当社（製品、サービス、ブランド）を友人や同僚に勧める可能性はどのくらいありますか？（0〜10の11段階で評価してください）

質問2 そのスコアをつけたおもな理由は何ですか？（自由記入）

質問3 商品を購入するまでのステップで、どの程度ストレスがありましたか？（1〜7の7段階で評価してください）

質問4 その理由は何ですか？（自由記入）

質問5 その他、感想やお気づきの点がありましたらお願いします。（自由記入）

質問6 お名前（orメールアドレス）

質問7 いただきましたご感想を、今後広告に使わせていただいてもよろしいでしょうか？（「実名で可」「仮名なら可」「不可」から選択）

質問1と2が、顧客ロイヤリティ（愛着度合）を計測する**NPS**（Net Promotor Score）に関するもの。質問3と4が、顧客が感じる手間を計測する**CES**（Customer Effort Score）に関するものだ。質問7で許可が出れば、質問2と5は顧客の声に活用できる。

質問はこれ以上あってもいいが、本当に自社に必要かを見極めて追加しよう。

法則
82

サービスよりホスピタリティ注力の法則

貧す人
サービスに注力しよう

稼ぐ人
ホスピタリティに注力しよう

サービスとホスピタリティは、似ているようで、まったく別物。

【貧す人】は、サービスという発想しかしないが、【稼ぐ人】はホスピタリティを意識する。

私の会社のクレド（企業の価値観や行動指針を示したもの）には、次の項目を入れている。

「私たちは、ホスピタリティ企業の一員です。サービスとホスピタリティは、違います。サービスは、顧客と合意した内容を提供する技術ですが、ホスピタリティは、顧客に『頼まれてもいないことを、察して行う』技術です。『アルマ・クリエイション』では、サービスとホスピタリティを高度に融合する『経験工学』を探求・実践し、自己都合ではなく相手都合で考えることを習慣とします」（経験工学についてはP128「法則38」参照）

サービスは契約上、最低限果たすべき義務であり、ホスピタリティは顧客がそもそも期

待していないことを提供することだと理解してもらうといい。

では、ホスピタリティを実践するには、どうすればいいのか？　〝お金の神様〟と呼ばれた故・邱永漢《きゅうえいかん》氏のご自宅でお会いしたとき、こんなエピソードを教えていただいた。

「パリに、社員全員をファーストクラスで連れていこうとしたとき、社員たちが言った。

『邱先生、私たちはエコノミーで十分ですから』と。

私は言い返しましたよ。お金を使う目的で行くんだから、それじゃ、意味ないよ」

美を経験しなければ、美を理解できないように、ホスピタリティを経験したことがない人に、ホスピタリティは理解できない。だから、自分自身で体験することが必要だ。たまの贅沢に後ろめたい気がするときは、「これはホスピタリティを学ぶ絶好の機会だ」と自分に言い聞かせよう。かといって、毎日ゴージャスな体験をしていたのでは身がもたない。

そこで、手軽にコストがかからずできるお勧めの言葉が「**ふと**」だ。

(例)「ふと○○さんが思い浮かんだので、連絡してみました。何もなければ、ご返信は不要です。いつもありがとうございます」

こうしたショートメッセージは、例外なく、反応率が高い。

テクニック以前に、あれこれ勝手に相手を想うことが、ホスピタリティの源泉だ。

法則
83

人脈を築く最も効果的な法則

貧す人

あの人**に**紹介してもら**おう**

稼ぐ人

あの人**を**紹介して**あげよう**

仕事で成果を出す上で、スキルはもちろん重要だ。だが、スキルだけでは残念ながら結果は出にくい。そこで、スキルに加え、**人の力を借りる**ことが大切だ。

まわりの人たちとの協力関係をつくりあげることによって、大きく信頼される人になっていく。

では、どうすれば、普段つながらない人同士がつながり、価値あるコラボが始まるのか？

カギは、それぞれどこに向かおうとしているのか、互いに知ることだ。

旅は道連れ。同じ目的地に向かっているなら、乗り合わせたほうがいい。

ズバリ、【稼ぐ人】は、次の2つのうちどちらかだ。

- **お金を引っ張ってこられる人**
- **人を引っ張ってこられる人**

豊かさをつくるには、このどちらかしかない。

人を引っ張るとは、具体的には人脈に通じるが、人脈を築くために必要なことは何だろう？

【貧す人】は、自己アピールだと考え、人に紹介してもらおうとする。

自己アピールも時と場合によっては必要になる。だが、

【稼ぐ人】は、もっと効率よく、効果的に人脈を築いている。

知らない人同士を紹介して、人と人をつなげているのだ。

具体的には、どうすればいいか？　次のフレーズを使ってみよう。

「**○○さん、＊＊さんを紹介させてください**」

例えば、「田中社長、高木社長を紹介させてください」と、**両方の名前を呼びかける**のがポイント。このように紹介するだけで、互いに名前を覚えやすくなる。

そうすると、今度は自分も誰かに紹介されるという連鎖が起こる。

アメリカでは、初対面の人たちが集まる場が頻繁にある。紹介し合うことがマナーになっているので、すごく盛り上がる。

これが人脈を築く最強の方法で、結果として、自分に大きく戻ってくるのだ。

人と人をつなげるのは、最強のリーダーシップなのだ。

法則
84

目の前にライフ・ワークの法則

貧す人 今の仕事は、**金にならない**

稼ぐ人 今の仕事は、**最高に楽しい**

あなたは、いったいどれほどのお金があれば、満足するだろうか?

ある調査（【出典】デビッド・クルーガー著、神田昌典監訳『お金への考え方を変えよう』三笠書房）によると、この問いに対する平均的な答えは「現状の2倍」。

面白いのは、年収が300万円の人も、1000万円の人も、5000万円の人も、答えは「2倍」なのだ。

このことからわかるのは、**実際に足りないのは、お金ではない**ということだ。

では、いったい足りないのは何か?　以前、私が講師を務める経営者向けの勉強会に、時給900円の大学事務職の女性がなぜか紛れ込んでいた。話を聞いてみると、生活のためにお金を稼げる仕事をしたいという。しかし彼女が求めているのは、生活のための仕事ではない。本人も気づいていないが……、彼女は、自分のライフ・ワークに出合うことを目的としている。ビジネスセミナーに参加し、仲間とワイワイ笑っているうちに、心の中では重大な変化が起こっている——お金が足りないという不安を忘れているのだ。

なぜなら、お金に悩んでいるよりも、やりたい仕事に一歩一歩近づいていくことに夢中になっているからだ。そのうちに人柄が信頼され、気づいたときには収入は上がっている。

このように、**報酬に満足するかどうかの根底にあるのは、使命感を持てる仕事に出合えるかどうかであり、使命感がともなわない仕事は、どんなに報酬が高くても、決して満足感が得られない**。その満たされない部分を金銭的に埋めようとするから、いつも「倍の年収があれば……」と考えてしまうのだ。

【貧す人】は、生活のために、目の前の仕事をこなす。

【稼ぐ人】は、**どんな小さな仕事にも、使命感を持てるライフ・ワークを見出す**。

そして、使命感を見出す確実な方法は——**目の前の顧客をハッピーにするには、どうすればいい？　と真剣に考えること**だ。顧客の幸せを一生懸命に考えることは、その顧客に自分自身を重ね合わせなければならないので、自分の幸せに必ずつながっていく。

まわりがつまらないと思う仕事に、最高の面白さを見つける。すると、思いがけないチャンスが飛び込んできて、あなたにしかできない最高の仕事に出合うことになる。

ライフ・ワークは、目の前にある。この法則に例外は、絶対にない。

法則

85

稼ぐ言葉の法則

貧す人

儲けるためには、何をすればいい？

稼ぐ人

稼ぐためには、何をすればいい？

「**稼ぐ**」と「**儲ける**」は、**違う**。「儲ける」は、漢字を部首に分けて考えると、「信」「者」から成り立つように、**顧客を信者化して、お金を得ようとする状態**。利益を最大限に上げる目的で、顧客を依存させてしまう危険性がある。だから倫理観によるコントロールが必要だ。一方、「稼ぐ」という言葉には、ずいぶん違ったニュアンスがある。禾《のぎ》偏の「稼ぐ」からは、「家」に「禾」、すなわち、**愛する家族に糧《かて》をもたらす光景**をイメージできる。

また、古来の日本には、収穫した稲穂を天からの恵みと考え、食物の神様である豊受大神《とようけのおおかみ》を祀る神社に奉納する習慣があったことを考え合わせると、**稼ぐとは、地域全体が繁栄するための奉仕を意味している**と思う。さらに考えを深めていくと、「稼ぐ」には、稲が育つまでの物語が織り込まれている。土を耕し、種を蒔《ま》き、苗を育て、水田に植え、穂が実り、黄金色に変わり、刈り取るといった自然の流れがある。ビジネスも同じように、自然の流れがある。自分と向き合い、顧客ニーズを見つけ、仲間と出会い、葛藤しながらも、自分本来の才能を発見していく物語があってこそ、健全な強いビジネスが育っていく。

3つのステージから成る「売れる法則85」を通じて、ビジネスが実るまでの自然の流れ、すなわち成功物語を完成させる要素をすべて網羅した。だから今、大切なのは、物語の結果を刈り取ることではなく、**物語を始めるための一歩を踏み出す**ことなのだ。

あなたが顧客のために、様々な障害を乗り越えた体験から学ぶ叡智はすべて、あなたの商品、会社に記録・蓄積される。

そして顧客は、あなたの会社に出合い、その商品を使うプロセスを追体験することで、そこに蓄積された叡智を受け取ることになる。

このように、**人の幸せを願いながら生きていく体験を、商品というメディアに記録して、それを広く受け渡していく作業がビジネス**なのだ。

【貧す人】は、自分のために働くが、【稼ぐ人】は、**まわりに奉仕**する。

私たちは、どんな理想の未来のために奉仕するか？　このように、奉仕するもの同士が出会えるからこそ、私たちの心の中に、仕合わせ（＝幸せ）が満ちるのだ。

仕事で直面する困難は、あなたを真の「仕合わせ」に導くための報酬だ。だから本書を手元に置き、勇気を持って踏み出していただきたい。私たちは、いつだって応援している。

おわりに

本書は『稼ぐ言葉の法則――「新・ＰＡＳＯＮＡの法則」と売れる公式41』を大幅改訂したものです。ＰＡＳＯＮＡの法則は時代とともにアップデートしており、今回の【スーパーパワーアップ版】では、最新の「ＰＥＳＯＮＡ」をベースにしています。

実は、私にとって、神田さんとの共著はこれが5冊目です。それらの著書を通して、コピーライティングの技術を、様々な切り口でまとめてきました。特に『コピーライティング技術大全』（ダイヤモンド社）は、神田さんの四半世紀に及ぶ、コピーライティングの技術と経験を余すところなく盛り込んだものです。

『稼ぐ言葉の法則』の初版が出版された頃（２０１６年）は、コピーライティングに関する書籍は極めて限定的でした。そこで、当時は、「新・ＰＡＳＯＮＡの法則」や「稼ぐ言葉を掘り当てる5つの質問」について約半分の紙面を割いて解説していました。

しかし、現在ではコピーライティングの技術面に関しては、入門者から上級者まで使える『コピーライティング技術大全』があります。そのため、今回はコピーライティングの技術面は必要最低限に絞り込みました。その代わり、コピーライティングやマーケティングの初学者でも、短期間で「稼ぐ力」をつけられるよう、法則部分を大幅に加筆しました。

コピーライティングはアメリカでは100年以上の歴史があります。どんなに時代が変わっても、**売買するのが人間である以上、売れる言葉の原理原則は不変（普遍）です。**

しかし、技術である以上、進化はしていきますし、時代やテクノロジーの進化によって戦術の部分は変わってきます。そういうわけで、2016年から8年が経ち、その間に新しく生み出された法則を重点的にお届けしたいと考え、**法則を41から85に大幅アップし、【スーパーパワーアップ版】**としました。

神田さんには多くのビジネスパートナーがいますが、私は最も近いところで、最も長い時間を共有するパートナーの一人です。神田さんがいろいろなメディアで発信した内容や、日常のミーティングの中で出てくる「金言」を集めてまとめ直したのが本書の「売れる法則85」です。そして、その法則をプロローグで紹介した「マーケティング・ピラミッド」

をベースに、ステージ１「核となるビジネスモデルをつくる」、ステージ２「応援者を集めるメッセージをつくる」、ステージ３「強力なリーダーシップを現す」という３つの軸で構成していったのです。

読者の中には、「売る」「稼ぐ」という言葉を聞いただけで嫌悪感を抱いたり、ある種の恐怖感に似た感情を持ったりする方もいるかもしれません。

しかし、私自身、たくさんの講座受講者を見てきた中で、**「売る」「稼ぐ」ことを真剣に考えることは、自分自身が本当にやりたいことに気づくこと**だとわかりました。

ですから、単に「お金儲けの手段」としてではなく、**自分の眠った才能や本当の強みを最大限に活かし、社会に価値を提供する一手段**として、コピーライティングやマーケティングの極意を一人でも多くの方に知ってほしいのです。

先ほど、「コピーライティングの技術面は必要最低限に絞り込みました」と述べましたが、実は技術面のエッセンスは85の法則の中にふんだんかつ巧妙に盛り込んであります。

本書の後に『コピーライティング技術大全』を読むと、「ああ、あのことか」とスムーズに理解できるでしょう。また、既に『コピーライティング技術大全』を読まれた方も、【貧す人】vs【稼ぐ人】の対比で本書を読むことで、自然と現場で実践できるようになるでしょう。

本書の出版に当たっては、日本のコピーライティング書籍を数多く手がけておられる、ダイヤモンド社の寺田庸二編集長に、多大かつ全面的なサポートをいただきました。また装丁は山之口正和さんにお世話になり、イメージを体現したすばらしい本に仕上げていただきました。この場をお借りして心より御礼申し上げます。

本書を通じて、神田さんのノウハウを言葉にし、あなたと共有できることを、とても嬉しく、光栄に思います。どの法則からでもいいので、ピンときたところから、実践してみてください。必ずや、あなたの真の魅力と価値を最大化する第一歩になると信じています。

衣田　順一

神田昌典（Masanori Kanda）

経営コンサルタント/教育アントレプレナー
アルマ・クリエイション株式会社代表取締役
NPO法人学修デザイナー協会理事
ペンシルバニア大学ウォートンスクール経営学修士

100冊以上の著書（監修・監訳含む）を持つ日本のビジネス・インフルエンサー。デジタルマーケティング推進の貢献により、総合誌にて「日本のトップマーケッター」として選出（『GQ JAPAN』2007年11月号）。出版界では「Before神田昌典/After神田昌典」と称されるほどの影響をもたらした。教育界では、公教育への「マインドマップ」導入、読書会「リードフォーアクション」、逆算思考「フューチャーマッピング」などの革新的な教育技術を開発・普及。組織や個人にインスピレーションを与え、多くの経済・社会リーダーたちとともに新しいビジョンの実現に取り組んでいる。おもな著書に、『未来実現マーケティング』（PHP研究所）、『60分間・企業ダントツ化プロジェクト』（ダイヤモンド社）、『非常識な成功法則』（フォレスト出版）、共著書に『コピーライティング技術大全』（ダイヤモンド社）、監訳書に『ザ・コピーライティング』（ダイヤモンド社）など多数。

衣田順一（Junichi Kinuta）

マーケティング・コピーライター
アルマ・クリエイション株式会社ディレクター
株式会社コアリヴィール代表取締役社長

大手鉄鋼メーカー住友金属工業株式会社（現・日本製鉄株式会社）にて、営業室長・企画部上席主幹（部長級職位）として組織をリード。脳性麻痺の子どもへの対応から時間と場所の自由がきくセールスコピーライターという仕事に出合う。クライアントと買った人両方に喜んでもらえる点に惹かれ、また、営業・企画の仕事との共通点も多く、これまでの経験と強みが活かせると考え退職・独立。再現性のあるコピーライティングを目指し、LP（ランディングページ）の訴求力を客観的に評価できる特許技術を発明。これまで900人以上、のべ4000回以上のコピーのフィードバックを実施。改善ポイントを的確に見抜くことに定評がある。コピーライティングの適用範囲を広げ、多くの人が活用できることを目指している。神田昌典との共著に、『コピーライティング技術大全』（ダイヤモンド社）、『売れるコピーライティング単語帖 増補改訂版』『あなたの強みを高く売る』（以上SBクリエイティブ）がある。

【スーパーパワーアップ版】
稼ぐ言葉の法則
――貧す人が稼ぐ人に変わる「売れる法則85」

2024年7月30日　第1刷発行

著　者――神田昌典＋衣田順一
発行所――ダイヤモンド社
〒150-8409　東京都渋谷区神宮前6-12-17
https://www.diamond.co.jp/
電話／03･5778･7233（編集）　03･5778･7240（販売）
装丁・本文・図表デザイン―― 山之口正和＋齋藤友貴（OKIKATA）
本文DTP・図表作成――― ダイヤモンド・グラフィック社
校正――――――――― 宮川 咲
製作進行―――――――― ダイヤモンド・グラフィック社
印刷・製本――――――― 勇進印刷
編集担当――――――― 寺田庸二

ISBN 978-4-478-12027-9

ロバート・コリアー［著］
神田昌典［監訳］
齋藤慎子［訳］
The Robert Collier Letter Book
伝説のコピーライティング実践バイブル
史上最も売れる言葉を生み出した男の成功事例269
若き神田昌典は、この本の原書に8万円をはたいて、むさぼり読んだ！
70年前のマーケティング錬金術をここに復刻！
ダイヤモンド社